Colônia Espiritual Amor & Caridade

Desejo a você que comprou este livro, paz, saúde, amor e muita felicidade, são meus sinceros votos. Espero que este livro lhe auxilie a compreender melhor a vida nesta vida!

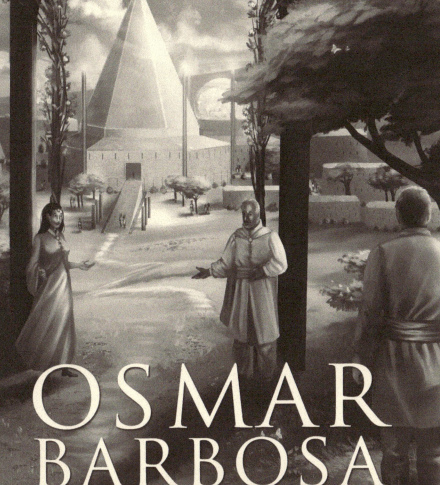
Colônia Espiritual
Amor & Caridade

Osmar Barbosa

Pelo Espírito de Daniel

Colônia Espiritual Amor & Caridade

Book Espírita Editora

4ª Edição

| Rio de Janeiro | 2019 |

OSMAR BARBOSA

Pelo Espírito de Daniel

BOOK ESPÍRITA EDITORA

ISBN: 978-85-69168-02-7

Capa
Marco Mancen | www.marcomancen.com

Projeto Gráfico e Diagramação
Marco Mancen Design Studio

Ilustrações Miolo
Manoela Costa

Editor
Raul Santa Helena

Revisão
Josias A. de Andrade

Marketing e Comercial
Michelle Santos

Pedidos de Livros e Contato Editorial
comercial@bookespirita.com.br

Copyright © 2018 by
BOOK ESPÍRITA EDITORA
Região Oceânica, Niterói, Rio de Janeiro.

4ª edição
Prefixo Editorial: 917837
Impresso no Brasil

Todos os direitos reservados e protegidos pela Lei 9.610, de 19/02/1998. Nenhuma parte deste livro pode ser reproduzida ou transmitida por quaisquer formas ou meios eletrônicos ou mecânicos, incluindo fotocópia, gravação, digitação, entre outros, sem permissão expressa, por escrito, dos editores.

Outros livros psicografados por Osmar Barbosa

Cinco Dias no Umbral

Gitano – As Vidas do Cigano Rodrigo

O Guardião da Luz

Orai & Vigiai

Ondas da Vida

Antes que a Morte nos Separe

Além do Ser – A História de um Suicida

A Batalha dos Iluminados

Joana D'Arc – O Amor Venceu

Eu sou Exu

500 Almas

Cinco Dias no Umbral – O Resgate

Entre nossas Vidas

O Amanhã nos Pertence

O Lado Azul da Vida

Mãe, Voltei!

Depois...

O Lado Oculto da Vida

Entrevista com Espíritos – Os Bastidores do Centro Espírita

Colônia Espiritual Amor e Caridade - Dias de Luz

O Médico de Deus

Amigo Fiel

Vinde à Mim

Impuros - A Legião de Exus

Agradecimento

Agradeço, primeiramente, a Deus por ter me concedido esse dom, esse verdadeiro privilégio de servir humildemente como um mero instrumento dos planos superiores.

Agradeço a Jesus Cristo, espírito modelo, por guiar, conduzir e inspirar meus passos nessa desafiadora jornada terrena.

Agradeço a Daniel, a oportunidade e por permitir que estas humildes palavras, registradas neste livro, ajudem as pessoas a refletirem sobre suas atitudes, evoluindo.

Agradeço, ainda, aos meus familiares, pela cumplicidade, compreensão e dedicação. Sem vocês ao meu lado me dando todo tipo de suporte, nada disso seria possível.

E agradeço a você, leitor, que comprou este livro e com sua colaboração nos ajudará a conseguir levar a Doutrina Espírita e todos os seus benefícios e ensinamentos para mais e mais pessoas.

Obrigado.

A todos, os meus mais sinceros agradecimentos.

Osmar Barbosa

Recomendamos a leitura de outras obras psicografadas por Osmar Barbosa para melhor familiarização com os personagens deste livro.

O Editor

Conheça um pouco mais de Osmar Barbosa
www.osmarbarbosa.com.br

"A missão do médium é o livro.
O livro é chuva que fertiliza lavouras imensas,
alcançando milhões de almas."

Emmanuel

Sumário

21 | INTRODUÇÃO

27 | VOCÊ APRENDE

33 | COLÔNIA AMOR & CARIDADE

45 | DANIEL DE SAMARATE

51 | ENTREVISTA COM DANIEL

75 | ÁRVORE BOA, BONS FRUTOS

93 | PERISPÍRITO E ENERGIA VITAL

101 | COMUNICAÇÃO COM OS ESPÍRITOS

113 | A CAUSA ESPIRITUAL DAS DOENÇAS

127 | SERES SUPERIORES

141 | CURAR ALGUNS, ALIVIAR MUITOS, CONSOLAR A TODOS

153 | MUNDOS SUPERIORES

165 | PROFUNDEZAS DO UMBRAL

179 | REENCARNAÇÃO E EVOLUÇÃO ESPIRITUAL

211 | ESPERANÇA PARA A HUMANIDADE

"Religião é algo do mundo espiritual e não é coisa da Terra. Se você deseja ter uma religião, sejais humildes de coração, e é ai que está o Jesus do espiritismo."

Frei Daniel

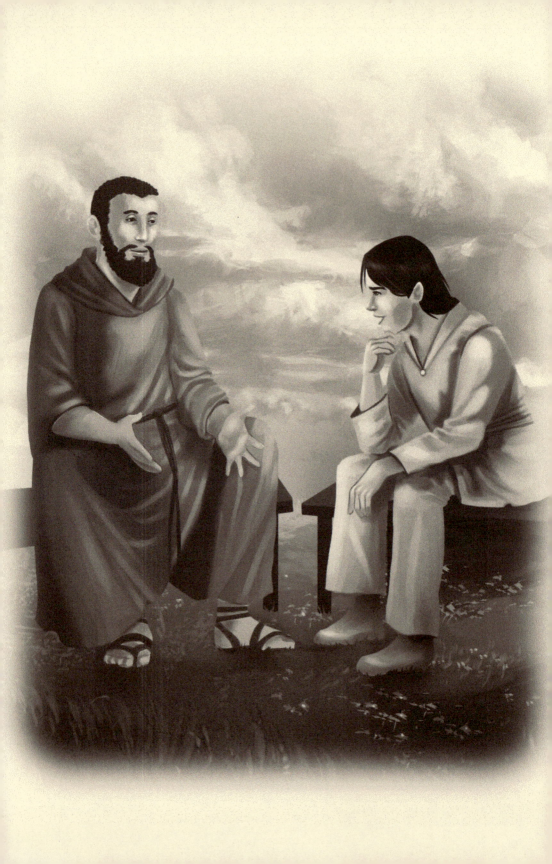

Introdução

Eu sou a luz do mundo; quem me segue não andará nas trevas; pelo contrário, terá a luz da vida.

(João 8:12)

Johan Horgan é um jornalista americano que já escreveu para as principais revistas do país, mas que ficou de fato mundialmente famoso por causa de um livro. *"O Fim da Ciência – Uma Discussão sobre os Limites do Conhecimento Científico"* defendeu a ideia de que a ciência tem um fim determinado. Mas o que Horgan quis dizer com isso? Trata-se de uma tremenda provocação. Horgan defende no livro a ideia de que o humano já descobriu e desvendou todos os principais mistérios da natureza e da humanidade. Ele mesmo lista: a origem do Universo a partir do Big Bang, as propriedades da matéria e da energia determinadas pela mecânica quântica, os fundamentos do espaço e do tempo explicados pela relatividade, o desenvolvimento da vida, elucidado pelo código genético e pela teoria da evolução de Darwin, entre outras incríveis descobertas.

Embora possa ser considerada por muitos uma tese ousada, ou até mesmo prematura, não é impossível imaginar que um dia a humanidade terá desvendado todos os mistérios da ciência física. Porém – sim, há um – a única ressalva que Horgan faz é com relação à mente humana. Este sim, um enigma ainda em grande parte indecifrável para a ciência. Sabe-se que o ser humano ainda não utiliza sequer 10% de toda a sua capacidade mental. Para buscar compreender melhor o funcionamento da mente e desenvolver todo o seu potencial é preciso avançar sobre os territórios da transcendência da existência humana. É necessário compreendê-lo de forma plena e sistêmica em suas duas dimensões: a física e a espiritual.

Ora, sabemos que o corpo físico nada mais é do que um instrumento descartável que o espírito utiliza para a sua atuação e evolução no mundo material, não é mesmo? O espírito tem como missão o seu aperfeiçoamento, e o corpo serve de roupa para que ele possa vir ao plano material buscar por suas expiações. A mente é o canal de expressão da sua vontade e pensamentos.

A ciência e a religião, segundo Allan Kardec, são as duas alavancas da inteligência humana. Elas possuem a missão de levar o homem à perfeição espiritual. O Espiritismo, que se baseia nos três pilares elementares da filosofia, da ciência e da moral, com suas consequências religiosas como forma de conectar a criatura ao Criador, iniciou a humanidade nos conhecimentos a respeito dos espíritos, comprovando a existência da vida após a morte, entre outras descobertas.

Kardec, ao deparar-se com o que os espíritos lhe traziam, imaginou que estes conhecimentos seriam naturalmente incorporados pelas religiões e, como consequência, em um curto espaço de tempo, o mundo se transformaria rapidamente a partir de tantas revelações inéditas e tão elucidativas. Lamentavelmente, isso não ocorreu. Muito pelo contrário. O Espiritismo foi discriminado e rejeitado pelas religiões, embora tivesse recebido uma boa recepção nos meios acadêmicos da época, o que não foi suficiente para popularizá-lo com a rapidez e naturalidade com que Kardec imaginou que aconteceria. A sociedade é profundamente resistente a mudanças e novas formas de ver as coisas. Ainda mais como essas novas formas questionam o *status quo* estabelecido e articulado para encantar as massas. Assim sendo, o Espiritismo praticamente desapareceu em seu berço, natimorto.

Isso não impediu que o Espiritismo chegasse ao Brasil no final do século passado. Aqui encontrou um campo fecundo para sua propagação graças ao sincretismo religioso, como constata Herculano Pires em seu livro *"O Centro Espírita"*. Uma vez instalada no país, pelas características mais amistosas e pacifistas do nosso povo, poderia a Doutrina Espírita, após solidamente enraizada, espalhar-se pelo planeta e cumprir seu papel preconizado pelo Codificador: o de conhecimento transformador do planeta.

No entanto, os caminhos da mensagem reformadora foram desviados. Assim sendo, o Espiritismo ficou impossibilitado de cumprir seu papel pelo despreparo e incompreensão dos homens que dirigem o que podemos chamar de movimento espírita.

Apesar de nos gabarmos de sermos o maior país espírita do mundo, vemos que a falta de estudo e seriedade nas práticas doutrinárias ameaçam transformar a Doutrina Espírita em uma mera religião de aparências, estimulando na vida de seus adeptos, conceitos e práticas totalmente estranhas aos interesses da Codificação.

Mas a lei de evolução, único determinismo da Lei Divina, certamente acabará por mostrar à humanidade o caminho. Até pelo fato de a espiritualidade maior ter um plano de desenvolvimento para o planeta, como também para todo o Universo. A caminhada evolutiva da humanidade pode sofrer desvios em seu rumo, devido ao livre-arbítrio humano relativo, porém nunca será impedida. Se não foi da forma planejada, será de outra, aproveitando as condições oferecidas pelas ocasiões.

Os desvios ocorridos com o cristianismo por meio de sua reforma protestante e com o movimento espírita não impedirão a evolução do planeta, embora a tenha retardado em elevado grau.

Talvez então caiba à própria ciência, uma vez que as religiões falharam, por meio do estudo e comprovação das leis do mundo espiritual, convencer a humanidade da transitoriedade da vida material, dando assim ao ser humano a motivação para sua melhoria moral, levando-o a percorrer o caminho para um mundo melhor, ao Reino dos Céus.

Texto criado referenciado em matéria publicada no jornal A Voz do Espírito - Edição 91: maio - junho de 1998 - Fundação Espírita André Luiz.

Você aprende

Você aprende. Mais dia, menos dia, você aprende. Com o passar das horas e o desenrolar dos dias, você aprende. Depois de algum tempo, você aprende a sutil diferença entre dar a mão e acorrentar uma alma.

E você aprende que amar não significa apoiar-se. E que companhia nem sempre significa segurança. E começa a aprender que beijos não são contratos e presentes não são promessas.

E começa a aceitar suas derrotas com a cabeça erguida e olhos no horizonte. E aprende a construir todas as suas estradas no hoje, porque o terreno do amanhã é incerto demais para os planos. E o futuro tem o costume de cair em meio ao vão.

Depois de um tempo você aprende que o sol queima se ficarmos com a pele exposta por muito tempo. E aprende que não importa o quanto você se importe: algumas pessoas simplesmente não se importam.

E aceita que não tem muita importância o quão boa seja uma pessoa, ela vai feri-lo de vez em quando, mesmo sem intenções. E você precisará perdoá- la por isso.

Aprende que falar pode aliviar dores emocionais. Descobre que se levam anos para construir confiança e apenas segundos para destruí-la.

E que você pode fazer coisas em um instante das quais se arrependerá pelo resto da vida. Aprende que verdadeiras amizades continuam a crescer mesmo a longas distâncias. E o que importa não é o que você tem na vida, mas quem você tem da vida. E que bons amigos são a família que nos permitiram escolher.

Aprende que não temos que mudar de amigos se compreendermos que os amigos mudam. Percebe que seu melhor amigo e você podem fazer qualquer coisa, ou nada, mas mesmo assim terem bons momentos juntos.

Descobre que as pessoas com quem você mais se importa na vida são tomadas de você muito depressa. Por isso, sempre devemos deixar as pessoas que amamos com palavras amorosas, pode ser a última vez que as vejamos. Aprende que as circunstâncias e os ambientes têm influência sobre nós, mas nós somos responsáveis por nós mesmos.

Começa a aprender que não se deve comparar com os outros, mas com o melhor que pode ser.

Descobre que se leva muito tempo para se tornar a pessoa que quer ser, e que o tempo é curto. Aprende que não importa aonde já chegou, mas aonde está indo. Mas se você não sabe para onde está indo, qualquer lugar serve.

Aprende que, ou você controla seus atos ou eles o controlarão, e que ser flexível não significa ser fraco ou não ter personalidade, pois não importa quão delicada e frágil seja uma situação, sempre existem dois lados.

Aprende que heróis são pessoas que fizeram o que era necessário fazer, enfrentando as consequências. Aprende que paciência requer muita prática.

Descobre que algumas vezes, a pessoa que você espera que o chute quando você cai, é uma das poucas que o ajudam a levantar-se.

Aprende que maturidade tem mais a ver com os tipos de experiência que se teve e o que você aprendeu com elas, do que com quantos aniversários você celebrou.

Aprende que há mais dos seus pais em você do que você supunha. Aprende que nunca se deve dizer a uma criança que sonhos são bobagens, poucas coisas são tão humilhantes e seria uma tragédia se ela acreditasse nisso.

Aprende que quando está com raiva tem o direito de estar com raiva, mas isso não lhe dá o direito de ser cruel.

Descobre que só porque alguém não o ama do jeito que você quer que ame, não significa que esse alguém não o ama com tudo o que pode, pois existem pessoas que nos amam, mas simplesmente não sabem.

Aprende que nem sempre é suficiente ser perdoado por alguém, algumas vezes você tem que aprender a perdoar-se a si mesmo.

Aprende que com a mesma severidade com que julga você será em algum momento condenado.

Aprende que não importa em quantos pedaços seu coração foi partido, o mundo não para, para que você o conserte.

Aprende que o tempo não é algo que possa voltar para trás. Portanto, plante seu jardim e decore sua alma, em vez de esperar que alguém lhe traga flores.

E você aprende que realmente pode suportar... Que realmente é forte, e que pode ir muito mais longe depois de pensar que não se pode mais. E que realmente a vida tem valor e que você tem valor diante da vida! Nossas dádivas são traidoras e nos fazem perder o bem que poderíamos conquistar se não fosse o medo de tentar.

Inspirado em texto original de William Shakespeare

"Não sobrecarregues os teus dias com preocupações desnecessárias, a fim de que não percas a oportunidade de viver com alegria."

André Luiz

Colônia Amor & Caridade

O Criador é perfeito e, assim sendo, cuida de sua criação a todo o momento, a todo instante. Olha por Seus filhos com o mesmo carinho que um pai o faz com seus filhos amados. Uma colônia espiritual é um abrigo que Ele permitiu para nos servir de porto seguro de conforto e equilíbrio.

Elas foram criadas para socorrer todos com amor e carinho fraternal em um verdadeiro pronto-socorro espiritual. Estas bem traçadas páginas nos trazem informações sobre uma dessas colônias, administrada por espíritos muito elevados e que decidiram por bem compartilhar esse conhecimento com a humanidade, por meio deste livro.

Este, que só tem um objetivo em si: auxiliar aqueles que deixam o planeta Terra rumo ao plano espiritual.

No caso específico, a Colônia Amor & Caridade é retratada e tem seu trabalho esmiuçado neste livro pelos seus mentores espirituais, cuja missão maior consiste em confortar almas sofridas que, durante algum tempo, buscaram por meio das quimioterapias e radioterapias a cura para o mal do câncer.

Nesta colônia chegam a todo momento espíritos adultos e ou infantis.

É sabido que os tratamentos utilizados e aplicados aqui no plano material causam lesões no perispírito. Por isso, é necessário seu refazimento para as próximas encarnações.

Só são acolhidos na Colônia Amor & Caridade aqueles espíritos que estão com reencarnações previstas, e que necessitam desse tipo de tratamento. Para outros casos existem outras colônias. Cada qual trabalhando de acordo com as necessidades evolutivas do planeta Terra.

Imagine uma única luz acesa em meio a uma intensa escuridão. Insetos tentam aproximar-se da luz em uma busca desesperada por calor, atraídos de forma irresistível por aquela enigmática luminosidade.

Ao simples contato, por mais momentâneo que seja, muitos deles terão suas vidas ceifadas pelo calor. E deixarão pequenas marcas com seus corpos, o que obstruirá a luminosidade naquele ponto. Outros sairão com lesões que precisarão ser cuidadas.

Assim somos nós, espíritos que irradiamos luz. À medida que nos expomos a tratamentos quimioterápicos e radioterápicos, esses elementos energéticos causam danos em nossa própria camada de luz. Estes ferimentos, mesmo que estejam em nosso perispírito, precisam ser tratados.

Deus, em Sua perfeição, organiza o mundo espiritual de forma que tudo tem sua utilidade, mesmo que momentaneamente possa parecer que não.

Todos os conhecimentos adquiridos durante as encarnações são acumulados, mesmo que não de forma consciente ou articulada. Nada é esquecido, fica tudo ali, em algum ponto do seu cérebro, aguardando algum acionamento automático ou intuitivo. Pense assim: se você em alguma encarnação anterior foi um médico, os conhecimentos adquiridos durante essa sua jornada na Terra, exercendo tal atividade, estarão com você por toda a eternidade, nada se perde.

André Luiz, ao chegar à Colônia Nosso Lar, sentiu-se deslocado por sua arrogância, pois tivera sua última encarnação como médico muito bem-sucedido na Terra. Mas com o tempo e o entendimento de seu estado, logo seus conhecimentos passaram a ser aproveitados. E assim, prossegue até os dias de hoje.

As encarnações em sequência pelas quais um espírito passa são como laboratórios de um intenso processo de descobertas. Após anos e anos de chegadas e partidas, o espírito adquire experiências que os levarão para frente. Essa é a lei.

Em João 14:1-3, Jesus afirma: *"Não se turbe o vosso coração. Crede em Deus. Crede também em mim. Há muitas moradas na casa do meu Pai. Se assim não fosse, eu vo-lo teria dito. Pois vou preparar-vos o lugar. E depois que eu me for, e vos aparelhar o lugar, virei outra vez e tomar-vos-ei para mim, para que lá onde estiver, estejais vós também".*

Segundo a interpretação espírita, a casa do Pai, à qual se refere Jesus, é o Universo em sua plenitude infinita. As moradas são os mundos nos quais os espíritos desencarnados evoluem.

Tais mundos são divididos em cinco tipos. Há os mundos primitivos, voltados às primeiras encarnações da alma humana. Os mundos de provas e expiações, onde o mal predomina. Existem ainda os mundos regeneradores, onde as almas que têm algo a expiar renovam suas forças. Os mundos felizes, onde o bem supera o mal. E, por fim, os mundos celestes ou divinos, onde estão os espíritos puros.

A Terra está, neste momento, passando por um processo de transição, de um mundo de provas e expiações para um mundo de regeneração.

Já na passagem do Novo Testamento na qual Jesus conversa com Nicodemos, senador dos judeus, Ele diz: *"Em verdade, em verdade eu te digo: ninguém pode ver o reino de Deus se não nascer de novo".* E acrescenta: *"Não te maravilhes de eu ter dito que é preciso nascer de novo".* O vento sopra onde quer e vós escutais a sua voz, mas não sabeis de onde vem ou para onde vai. Assim é com todo homem que nasce do Espírito.

Essa passagem demonstra o princípio da preexistência da alma, bem como da pluralidade das existências. Quando Pilatos perguntou a Jesus se era o rei dos judeus, Ele então respondeu: *"Meu reino não é deste mundo"*.

Na concepção espírita, com estas palavras, Cristo se refere claramente à vida futura. Todas as máximas de Jesus foram direcionadas a esse princípio, que é o centro de Seus ensinamentos.

Jesus demonstrou na afirmação, bem como em Sua própria trajetória e na aparição aos discípulos depois da morte, que a vida espiritual é uma realidade. Que existe outro lugar, onde a justiça de Deus faz sentido e é exercida plenamente.

Considerando o que os homens de então poderiam absorver de Seus ensinamentos, Jesus se limitou a apresentar a vida futura como uma lei natural, inerente a todos os seres humanos.

As Colônias Espirituais, também chamadas de Comunidades Espirituais, Cidades Espirituais ou Mundos Transitórios, são locais onde grupos de Espíritos errantes se estabelecem, transitoriamente, enquanto aguardam novas encarnações.

Esses locais, porém, não possuem uma rigidez geográfica, como acontece nas cidades dos vivos. Estão, na verdade, mais ou menos próximos da Terra, segundo o grau de evolução dos seus componentes.

O que rege a formação das Colônias Espirituais é a Lei de Afinidade. Cada um de nós, após o desencarne, irá para uma esfera que esteja compatível com a sua condição moral atual.

De acordo com as informações que os espíritos codificadores deram a Allan Kardec a respeito da erraticidade, não somente espíritos inferiores nela permanecem. Mas não são apenas os espíritos necessitados que habitam as colônias espirituais.

Os espíritos superiores também se encontram por lá em processo de estudos e de ensinamento, auxiliando aqueles que mais precisam a encontrar, além da cura, o caminho para seguir evoluindo.

Allan Kardec tratou deste assunto específico nas perguntas 233 e 234 de O *Livro dos Espíritos*.

Pergunta 233:

Os espíritos já purificados vão aos mundos inferiores?

Eles vão frequentemente para ajudar o seu progresso. Sem isso, esses mundos estariam entregues a si mesmos, sem guias para dirigi-los.

~ 38 ~

Pergunta 234:

Como ficou dito, existem mundos que servem aos espíritos errantes como estações e locais de repouso?

Sim, há mundos particularmente destinados aos seres errantes e nos quais podem habitar temporariamente. Espécie de acampamentos, de campos para se repousar de uma longa erraticidade, estado sempre um pouco penoso. São posições intermediárias entre os outros mundos, graduados de acordo com a natureza dos espíritos que podem alcançá-los e que neles gozam de um bem-estar maior ou menor.

Sobre os agrupamentos de desencarnados no Mundo Espiritual, encontramos, na resposta à pergunta número 278 de O *Livro dos Espíritos*, os seguintes esclarecimentos:

Pergunta 278:

Os espíritos das diferentes ordens estão misturados?

Sim e não. Quer dizer, eles se veem, mas se distinguem uns dos outros. Eles se evitam ou se aproximam, segundo a analogia ou a antipatia de seus sentimentos, como acontece entre nós. É todo um mundo do qual o vosso é o reflexo obscuro. Os espíritos da mesma categoria reúnem-se por uma espécie de afinidade e formam os grupos ou famílias de espíritos unidos pela simpatia e pelo objetivo a que se propuseram: os bons, pelo desejo de fazerem o bem; os maus, pelo desejo de fazerem o mal, pela vergonha das suas faltas e pela necessidade de se encontrarem entre os que se lhes assemelham. Tal uma grande cidade, onde os homens de todas as categorias e de todas as condições se veem e se encontram sem se confundirem; onde as sociedades se formam pela analogia de gostos; onde o vício e a virtude convivem sem dizerem-se nada.

Existem Colônias Espirituais de diversos tipos e propósitos. Por exemplo, existem aquelas conhecidas como socorristas, criadas com o objetivo de atender e amparar os desencarnados presos de alguma forma, aos males do corpo físico ou dos problemas terrenos.

Há as correcionais, para atendimento aos suicidas, aos toxicômanos e aos pervertidos sexuais, as de estudo e de desenvolvimento das artes. Enfim, uma infinidade de missões que são cobertas e atendidas por uma rede de Colônias Espirituais que existem para nos auxiliar no plano espiritual e no processo de reencarnação.

O desencarne não transforma santos em demônios e muito menos demônios em santos, mesmo que ele se dê da maneira mais trágica ou sofrida.

Os espíritos que se compraziam no mal enquanto estavam encarnados continuarão vibrando em faixas inferiores quando desencarnarem. Isso não muda em nada. O espírito encarnado ou desencarnado seguirá vibrando suas energias no mesmo grau que praticava no plano material, se afeiçoando com o mesmo perfil de atitudes.

De acordo com as diversas mensagens espirituais que têm chegado por meio de diferentes médiuns, essa categoria de espíritos atrasados se organiza no submundo formando, eles também, as suas colônias, com o firme propósito de combater as forças do bem.

A missão destas falanges do mal é desequilibrar a humanidade para seguirem tendo bastante material humano degradado e desorientado para alimentar suas perversões. Estes ambientes refletem, assim, o que vocês costumam chamar de inferno ou umbral, já que insistimos em colocar nomes em tudo.

Nos planos espirituais mais próximos à crosta terrestre, as sociedades humanas desencarnadas na sua maioria, permanecem intimamente ligadas aos interesses materiais. Triste situação vivem esses perambulantes. Seguem preocupados com seus bens e patrimônio, como se pudessem ainda usufruir de algo que tenham acumulado com tanta avidez quando encarnados.

Outra parcela menor, mesmo que ainda distante da perfeição, já se sente tocada por talentos espirituais, dedicando-se às tarefas do auxílio aos que ficaram no planeta ou aos desencarnados como forma de aprimoramento.

Esses estão nas colônias espirituais a serviço do bem. São as falanges de espíritos de boa vontade. É para eles que todos nós, seres encarnados, devemos orar, clamando por ajuda e designando nossa fé para ajudar a todos aqueles que precisam.

Esses exércitos de espíritos de luz não descansam um só segundo. Estão a todo momento em suas missões de auxílio, seja nas colônias, nas casas espíritas ou em qualquer lugar onde houver uma pessoa merecedora precisando de uma cura ou alento.

"Eu sou o filho de Deus.

Deus habita em mim.

Eu posso ser o que quiser, porque Deus é o meu ajudador.

Nunca me canso porque Deus é a minha força.

Nunca estou doente e triste, pois Deus é a minha saúde.

Eu não perco nada, porque Deus é o meu provedor.

Só porque eu sou um filho de Deus.

Entrei para a Presença Divina de meu Pai.

Estou feliz em tudo o que eu me comprometo,
porque o conhecimento aumenta em mim a cada dia
que passa."

Irmão Daniel

Daniel de Samarate

Você, amigo leitor, provavelmente leu os livros anteriores que tive a honra e o privilégio de psicografar. Entre eles, o primeiro foi intitulado *Cinco Dias no Umbral*, e contava a história de Nina, uma moça muito bonita que acabara de deixar o mundo material e se via despertando do sono recuperador em uma das enfermarias da Colônia Amor & Caridade.

Ela é prontamente recebida pelo diretor da colônia, o irmão Daniel. Em dado momento da história de Nina, ficamos sabendo um pouco da vida deste homem iluminado conhecido como Frei Daniel de Samarate.

Creio que não cabe aqui repetir o que foi apresentado na obra anterior, sobre a qual recomendo, obviamente, a leitura àqueles que ainda não a conhecem, mas não há como escrever um livro sobre esta colônia tão importante sem falar de seu diretor espiritual.

Daniel, em sua encarnação em que se tornou Frei, iniciada em 1876, cumpriu uma das missões mais difíceis que um espírito pode vir a enfrentar. Com apenas catorze anos iniciou sua vida religiosa como homem de fé dedicado a Cristo. Isso mesmo! Um adolescente de catorze anos que desejava tornar-se um monge para a devoção e senso de lealdade por sua livre e espontânea vontade. Era um cristão franciscano como o atual papa Francisco.

Quanto à escola, desde que pudesse se maravilhar, o irmão Daniel revela inteligência viva. Tinha paixão pela botânica; e na filosofia e teologia, estudo incansável, queria saber a razão para tudo.

Daniel era o jovem mais dedicado de todo o convento. Desde muito cedo já costumava dizer: "Há um tempo para rezar, um tempo para estudar, para manter o silêncio, mas também há um tempo para recriar o espírito".

Outra característica marcante do perfil do franciscano capuchinho: o espírito de alegria. Daniel estava sempre feliz e contente. Era capaz de cantar e também de contar histórias pitorescas.

Costumava lançar frases positivas pelos ambientes em que passava, como uma que costumava recitar todas as vezes que encontrava seus amigos padres para orar e conversar: "como é bonito viverem os irmãos em unidade".

Depois deste início de celibato na Itália, onde Daniel se destacou pela dedicação profunda aos estudos, veio para o Brasil em 1898 com a missão de auxiliar os mais necessitados.

Enfrentou toda sorte de acontecimentos, desde a fome e a miséria de muitas famílias, até os perigos dos conflitos por terra e outras posses, incluindo a descoberta que havia contraído lepra, o maior mal daquele século.

Como leproso, foi obrigado a isolar-se de todos por causa do risco de contágio. Uma triste contradição. O homem que dedicara sua vida ao ato sublime de doá-la aos outros tinha que abnegar-se do convívio social justamente para não colocar a vida alheia em risco. Foram cinco anos tristes de solidão e reflexão deste grande cristão.

Curiosamente, o encontro com os leprosos é um dos fatos mais conhecidos na vida de Francisco de Assis, que recorda no seu testamento: "e o Senhor me conduziu ao meio dos leprosos e pratiquei com eles misericórdia. E ao separar-me deles, aquilo que me parecia amargo, tornou-se doçura de alma e corpo". Frei Daniel de Samarate seguiu o exemplo do seu pai, Francisco, liderando e assumindo a vida dos leprosos do Tucunduba.

Frei Daniel escreveu em seu diário sobre sua ida ao Santuário de Lourdes, para pedir a cura e a conformação à cruz de Cristo por causa de sua dolorosa enfermidade e compadecimento com a solidariedade com os leprosos:

"Senhor, se queres, podes curar-me...". Uma voz interior, misteriosa e bem sensível em meu coração, respondeu: "Não será desta forma... vai em paz, pois sua missão está terminada por aqui. Receberás outra graça. A tua enfermidade será para a maior glória de Deus e para o maior bem espiritual da humanidade".

E Daniel então caiu em si. Desde aquele momento encontrou-se completamente transformado: um senso de indescritível conformidade, acompanhado por uma infinita felicidade sublime, invadiu seu coração e todo o seu ser.

Nos dias atuais, Daniel é um espírito muito iluminado que preside a Colônia Espiritual Amor & Caridade.

Ele comanda uma equipe composta por dezoito espíritos de muita luz que o auxiliam na organização e em todo o funcionamento da colônia.

Essa equipe é formada, em sua maioria, por médicos que viveram na Terra e hoje cuidam, dentro de suas especialidades, dos pacientes da colônia. Cada um de seus colaboradores tem responsabilidades, sempre divididas pelos setores.

Tudo muito bem organizado. Periodicamente, todos se reúnem para tratar do acompanhamento de todos os espíritos que estão vivendo em Amor & Caridade.

A Colônia Amor & Caridade é composta por treze grandes galpões, três dos quais são dedicados à recuperação, transição e realinhamento por meio de terapias do sono e passes dados por espíritos auxiliares. Outros quatro galpões servem de enfermaria aos pacientes na idade adulta que desencarnam em hospitais, vítimas de câncer; os outros dois galpões são especialmente destinados às crianças, também vítimas de câncer.

Há ainda um galpão, o maior de todos, onde funciona o setor administrativo, com salas e teatros amplos onde são feitas as reuniões com os espíritos que trabalham na Terra em casas espíritas, em centros cirúrgicos e nos hospitais.

Os três galpões que faltam mencionar funcionam como centros de treinamento e escola. Há em toda a colônia amplos jardins, lagos e praças, onde os espíritos recolhidos se encontram para o lazer e orações contemplativas. As praças são enormes e gramadas, com diversos brinquedos para as crianças, balanços, pedalinhos, escorrega, entre outros brinquedos.

Entrevista com Daniel

Colônia Amor & Caridade.

Bom dia, irmão Daniel.

– Bom dia, Marques. Como você está, meu jovem?

– Bem, muito bem. Obrigado por perguntar, Daniel. Pois bem, trago-lhe notícias atualizadas a respeito do estado do menino Lucas.

– Ótimo! Como ele vem passando?

– Tudo indica que ele despertará do sono regenerador hoje. Todos na enfermaria estão muito preocupados com sua reação.

– E por que estariam tão preocupados, Marques?

– Acredito que seja por causa do fato de seu desencarne ter ocorrido de forma tão abrupta. Há a expectativa de que ele não deve acordar bem, entende?

– Provavelmente acordará manso e tranquilo – diz Daniel com a costumeira paz transmitida em cada sílaba.

– Mas como assim?

– Está-se a lhe dar o passe de refazimento; ele acordará bem, podes ter certeza, meu estimado Marques.

– Não sei, irmão. Já vi tantos acordarem revoltados.

– É, mas Lucas acordará tranquilo, podes esperar. E me faça o seguinte favor, se for possível.

Mas é claro, qual seria?

– Assim que ele acordar, traga-o até a minha sala. Preciso muito conversar com ele.

– Pode deixar, irmão Daniel, deixa comigo.

Apressadamente Marques voltou à enfermaria e avisou a todos da recomendação de Daniel.

– Irmãos, por favor, peçam aos médicos que estão assistindo o Lucas para me avisarem quando ele acordar para que eu possa levá-lo ao irmão Daniel.

Todos ficaram profundamente intrigados com aquilo, afinal Daniel havia pedido mesmo antes de saber quando ou como Lucas despertaria. Passadas algumas horas, Lucas acordou e levantou-se de seu leito. Os médicos, não encontrando Marques, seguiram as determinações e o levaram ao encontro de Daniel.

Entrando no gabinete principal da colônia, Lucas logo abraça Daniel, como se estivesse muito saudoso do amigo.

– Olá, Lucas, bom tê-lo de volta.

– Obrigado, Daniel. Preciso agradecer de imediato pela missão que me foi dada e pela oportunidade de poder ajudar pessoas amigas encarnadas na Terra.

– Sim, cumpriste esta sua nobre missão de forma honrosa. Parabéns!

Obrigado, amigo.

Percebi que fizestes algumas alterações nos galpões da colônia.

– Sim, estamos adaptando nossas instalações para recebermos um número maior de pacientes.

– Que bom! Estou ansioso para rever os amigos e pronto para voltar ao trabalho.

– Podes voltar. Fale de imediato com a Dra. Sheila e retome o auxílio nas enfermarias.

– Ótimo! Estou cheio de energia. Também pudera, com esse banho de vibrações positivas com que sempre sou recebido aqui na colônia não poderia ser diferente. Mas Daniel, se me permite, antes gostaria de tirar algumas dúvidas com você. Como sabes, não tenho todo o conhecimento, sou um espírito jovem aprendiz, ávido por aprender mais e mais.

Não seja por isso, sente-se. Vamos conversar.

– Obrigado, amigo – disse Lucas ajeitando-se em uma confortável cadeira de cor branca que ficava repousada diante da mesa, onde Daniel atendia a todos que o procuravam.

– Daniel, preciso lhe fazer algumas perguntas a respeito de coisas que me intrigaram nesta mais recente missão no plano material. Você me ajudaria a compreender essas coisas?

– Sim, Lucas, claro! O que estiver ao alcance do meu conhecimento, sim, será uma alegria enorme compartilhar com você. Fique à vontade.

– Daniel, o câncer seria uma enfermidade cármica?

– Meu querido Lucas, as doenças graves, como o câncer, podem surgir por causa das válvulas de escoamento dos desajustes perispirituais, nascidos de desatinos no passado, observadas as leis de causa e efeito que regem toda a evolução humana.

Representam uma espécie de tratamento de beleza para o espírito. Como sabes, Amor & Caridade é uma colônia especializada no restabelecimento do espírito quando a matéria sofre enfermidades causadas pelo câncer.

– Entendo...

Daniel prosseguiu:

– As quimioterapias e as radioterapias aplicadas nos pacientes causam lesões no perispírito por serem de materiais radioativos, isso sem falar nas questões morais, claro. Como sabes, a missão de Amor & Caridade é o refazimento perispiritual para as próximas encarnações.

– Compreendo… Mas o que podem causar esses tratamentos? – perguntou Lucas, ainda mais curioso.

– Nada muito agradável. Estes tratamentos alongados causam ferimentos maiores ainda que a própria enfermidade inicial.

E tudo precisará ser tratado no mundo espiritual. O câncer é um desequilíbrio celular e uma má reprodução dessas células. Essa busca incansável da ciência para curá-las causa as lesões que são tratadas em nossa colônia.

– Ao longo do tratamento de equilíbrio espiritual, ministrado aqui em nossa colônia por meio dos passes fluídicos e das terapias do processo de conscientização da vida eterna, esses espíritos são transferidos para outras colônias.

Alguns são encaminhados para dar prosseguimento ao processo de reencarnação em Nosso Lar. Outros são convidados a servirem em outras colônias do mundo espiritual, enquanto outros, por questões de afinidade ou até formação acadêmica, ficam a servir a seus semelhantes por aqui mesmo. Temos muitos casos assim, como a Dra. Sheila, diretora da ala das enfermarias.

– Mas como assim?

– Muito simples. Aqui você vai encontrar um grande número de médicos e enfermeiros recém-desencarnados servindo ao mundo espiritual. Eles acumulam esses co-

OSMAR BARBOSA

nhecimentos na Terra e aqui basta aprofundá-los, conectando o que já sabem ao maior detalhamento do processo de cura espiritual.

– É... disso eu sei bem, e como sei!... – afirma Lucas com gestos de concordância e um sorriso no rosto, prontamente correspondido por um carinhoso e carismático irmão Daniel, que prosseguiu:

– A forma física adquirida por meio das reencarnações é um estado evolutivo. Os espíritos são criados simples e ignorantes. Então vivem experiências minerais, animais e humanas, entre outras formas. Estão simplesmente a seguir na escala evolutiva. Lesões, perdas de partes do corpo, como amputações, danificam a forma perispiritual adquirida por meio da evolução.

Novas formas ainda estão por vir. Sendo assim, esses espíritos precisam ser ajustados para continuarem em sua trajetória de evolução.

– Ah, me ocorreu outra dúvida: por que a Colônia Amor & Caridade está localizada dentro da Colônia das Flores?

– A Colônia das Flores é especializada nesse tipo de atendimento. Durante muito tempo ela vem fazendo isso. E a Amor & Caridade é um anexo que auxilia esta colônia.

A Colônia das Flores foi organizada para o tratamento de pacientes de câncer. Após algum tempo fomos convidados

~ 57 ~

a auxiliá-la. Por motivos de ampliação dos conhecimentos de um número grande de espíritos, foi necessário que se criasse Amor & Caridade. Ser anexo é uma questão meramente burocrática que não importa muito.

A única diferença entre uma e outra é de ordem administrativa. Nosso maior objetivo é preparar as crianças recém-desencarnadas, conscientizando-as da vida eterna e reestruturar esses espíritos à volta natural de espírito adulto refazendo sua forma perispiritual conquistada por meio das diversas encarnações.

– Eu compreendo – disse Lucas.

– Vou falar um pouco mais sobre a Colônia das Flores, pois é deveras interessante. Tens curiosidade em saber?

– Olha, irmão Daniel, minha curiosidade é assim como a vida: eterna e infinita – diz Lucas, sorridente e feliz, por ter ali a honra de ter acesso a tantos conhecimentos em uma conversa informal com um espírito tão iluminado quanto Daniel.

– Pois sim, Lucas. És um menino muito inteligente e es-forçado. Caminhas pela trilha certa da evolução humana e encontrarás ao longo desta trajetória o bem de volta àquele que doas ao mundo. Pois bem. A Colônia das Flores é uma das maiores colônias espirituais que existem no plano espi-ritual que existe acima da pátria do evangelho, o Brasil.

Nesse momento, irmão Daniel abriu uma imagem holográfica em uma fumaça branca que surgiu atrás de sua mesa, como se fosse um telão de gás branco, como uma nuvem. E neste telão já aceso, começaram a ser projetadas imagens do mapa do Brasil, resplandecendo fachos de luz que desenhavam os limites aproximados da área de cada colônia.

Daniel ia explicando, enquanto os desenhos se formavam diante de Lucas, que estava boquiaberto com tamanho avanço de recursos didáticos que Daniel dispunha para auxiliar na evolução de todos.

– Sua área se inicia ali pelo meio do estado de Santa Catarina, está vendo? E vai seguindo até lá em cima, por volta ali do que eles conhecem como Goiás. Há contornos de seu território que passam ainda pelos estados do Paraná e São Paulo. Funciona como um pronto-socorro aos desencarnados vítimas de câncer em grau elevado, que geralmente conservam esta impressão cravada em seus perispíritos.

Para que possas entender a funcionalidade das colônias, se faz necessário que explique as causas das doenças e também a formação e debilidades do perispírito.

– Nossa, incrível! Estou impressionado como tudo é tão organizado no mundo espiritual. Não se perde tempo por aqui, não é mesmo, Daniel? Mas então, realmente fico intrigado com a formação de enfermidades. Afinal, como exatamente surgem as doenças? Sinto que quando as pessoas insistem em sintonizar suas vibrações com energias e atitudes negativas, não estariam abrindo caminho para ficarem doentes?

– Sim, seu sentimento procede com a realidade, Lucas. Parabéns pela sua lucidez e evolução!

Pois bem, toda doença é uma mensagem direta dirigida para aquela pessoa, dizendo que ela não tem amado verdadeiramente quem ela realmente é. Que não tem se tratado com carinho. De fato, todas as vezes que o corpo apresenta alguma doença, isso deve ser tomado como um sinal de que alguma coisa não está bem.

E não estou me referindo apenas ao seu estado físico e material, o que fica evidente com uma enfermidade. Refiro-me à sua relação com a sua existência e suas vibrações espirituais.

– Entendi, Daniel, é como se a doença fosse fruto da somatização de energias baixas, que a pessoa vai emanando e acumulando, muitas vezes sem nem perceber que está tendo essa atitude maléfica para si própria, não é mesmo?

– Sim, as pessoas precisam aprender que a doença não é uma causa e sim uma consequência, um efeito proveniente das energias negativas que circulam por vosso organismo espiritual e material.

O controle das energias pode e deve ser administrado por meio dos pensamentos e dos sentimentos.

Nosso querido e estimado irmão André Luiz já nos disse que "assim como o corpo físico pode ingerir alimentos venenosos que lhe intoxicam os tecidos, também o organismo perispiritual absorve alimentos que o degradam, com reflexos sobre as células materiais".

– E qual são esses alimentos?

– São estes os alimentos: o ódio, a inveja, a avareza, a ambição material extrema...

– Entendi claramente, Daniel – concordando com a cabeça, Lucas se mantinha atento às palavras de Daniel.

– Prestes atenção nisso – alertou Daniel.

E prosseguiu:

– Permanentemente, todos recebem energia vital que vem do Cosmos, da alimentação, da respiração e da irradiação das outras pessoas. Para elas, imprime- se a energia gerada por vós mesmos. Assim, sois responsáveis por emitir boas ou más energias às outras pessoas. E também por recebê-las de volta.

A energia que irradias aos outros estará impregnada com vossa carga energética, isto é, carregada das energias de vossos pensamentos e de vossos sentimentos, sendo necessário que vigieis o que pensas e sentes.

– E isso acaba criando diferentes tipos de doenças, não é mesmo, Daniel?

– Sim, muito bem lembrado. Podemos classificá-las em três tipos elementares: as doenças físicas, as espirituais e aquelas atraídas ou simbióticas.

As doenças físicas são distúrbios provocados por excesso de esforço, algum acidente ou exagero alimentar, apenas para mencionar alguns exemplos.

Esses distúrbios fazem com que um ou mais órgãos não funcionem como deveriam, criando uma indisposição orgânica.

As doenças espirituais são aquelas provenientes das próprias vibrações emanadas e recebidas pelas pessoas. E este acúmulo de energias negativas e nocivas no perispírito gera a própria intoxicação fluídica.

Quando estas energias migram para o organismo físico, criam um campo energético propício para o instauro de doenças que afetam todos os órgãos vitais, como o coração, o fígado, os pulmões, o estômago, entre outros, arrastando um corolário de sofrimentos. As energias nocivas que provocam as doenças espirituais podem ser, inclusive, oriundas de reencarnações anteriores.

Elas se fixam no perispírito enfermo quando não são drenadas. Em cada reencarnação, desde o nascimento ou até mesmo previamente, na vida intrauterina, cada um pode trazer os efeitos das energias nocivas presentes no perispírito, que se agravam à medida que se acumula mais energia negativa na reencarnação atual.

E mais... Enquanto persistirem as energias nocivas no perispírito, a cura não se completará.

– Entendo, Daniel. Mas e as doenças atraídas ou simbióticas?

– As doenças atraídas ou simbióticas são aquelas que chegam por meio de uma sintonia com fluidos negativos.

O que uma criatura colérica vibrando sempre maldades e energias ruins pode atrair senão as mesmas coisas?

Essa atração gera uma simbiose energética que, pela via fluídica, causa a percepção da doença que está afetando o organismo do espírito que está imantado energeticamente no ser, provocando a sensação de que a doença está nele, pois passa a sentir todos os sintomas que o espírito sente.

São essas aquelas doenças que os médicos não conseguem diagnosticar, o que os deixa perplexos e intrigados.

André Luiz afirmou: "A mente encarnada não conseguiu ainda disciplinar e dominar suas emoções como o ódio, a inveja e as ideias de vingança, por exemplo: aqui ela entrará em sintonia com os irmãos do plano espiritual que emitirão fluidos maléficos para impregnar o perispírito do encarnado, intoxicando-o com essas emissões mentais e podendo levá-lo até a doença ou até mesmo a realizar atos extremos como atitudes criminosas ou suicídio".

– Puxa vida, Daniel, que sinistro! Isso tudo é impressionante. Dá vontade de voltar agora mesmo ao plano material e espalhar essas informações para o maior número possível de pessoas. Todos precisam entender isso desta forma para tentarmos evitar que mais pessoas sofram.

– Isso mesmo, Lucas. Já estamos espalhando essas informações pelo plano material, intuindo as pessoas, passando esses detalhes para diversos médiuns e orientando a produção de livros e vídeos que façam com que esse conhecimento chegue a um número cada vez maior de pessoas.

– Incrível! Eu estou ansioso para receber uma nova missão para ajudar mais...

– Seu sentimento é muito nobre, meu jovem Lucas. É por isso que você tem evoluído com tanta presteza e agilidade. Pois bem, mas não acabou por aí.

Graças à quantidade ínfima de cada tipo de vida microscópica existente, eles não causam incômodos, doenças ou afecções mórbidas, pois ficam impedidos de terem uma proliferação além da "cota mínima" que o corpo humano pode suportar sem adoecer.

No entanto, quando esses germes ultrapassam o limite de segurança biológica fixado pela sabedoria da natureza, motivados pela presença de energias nocivas no corpo físico, eles se proliferam e destroem os tecidos de seu próprio "hospedeiro".

Partindo das estruturas energéticas do perispírito na direção do corpo, em ondas sucessivas, essas radiações nocivas criam áreas específicas nas quais podem se instalar ou se desenvolver as vidas microscópicas, encarregadas de produzir os fenômenos compatíveis com os quadros das necessidades morais para o indivíduo.

Elas se alimentam destas energias nocivas que chegam ao físico, conseguindo se multiplicar mais rapidamente e, em consequência, causando as doenças.

– Incrível, Daniel...

– E tem mais, meu jovem Lucas. O espírito adoentado só poderá ser recuperado com a eliminação desta carga de toxinas que está impregnada em seu perispírito. Embora o espírito pecador já possa até estar arrependido e esteja realmente disposto a uma reação construtiva no sentido de se purificar, ele não poderá se subtrair dos imperativos da Lei de Causa e Efeito.

Cada atitude corresponde a um efeito de idêntica expressão, impondo uma retificação de aprimoramento na mesma proporção, ou seja, o espírito tem que dispender um esforço para repor as energias positivas da mesma maneira que dispende esforços para produzir as energias negativas, que se acumulam em seu perispírito.

– Mas como então podemos eliminar as energias tóxicas, Daniel? Não entendo...

– Tenha calma, Lucas, logo compreenderá. Como decorrência de tal determinismo, o corpo físico tem que funcionar justamente como um dreno, como uma válvula de escape para expurgar os fluidos deletérios que o intoxicam e impedem de firmar sua marcha na estrada da evolução. Durante a purificação perispiritual, as toxinas psíquicas convergem para os tecidos, órgãos ou regiões do corpo, provocando disfunções orgânicas que todos conhecem como doença.

– Daniel, mas e se o espírito não conseguir expurgar todo esse conteúdo venenoso de seu perispírito durante a existência física? Ele vai despertar aqui no mundo espiritual sobrecarregado dessa energia densa e hostil? É assim que ocorre?

– Sim, meu jovem. Em tal caso, devido à própria "lei dos pesos específicos", ele provavelmente cairá nas zonas umbralinas pantanosas, onde é submetido à obrigatória terapia de purgação no lodo impregnante. Assim, pouco a pouco vai se libertando das excrescências, nódoas, venenos e "crostas fluídicas" que nasceram em seu tecido perispiritual por efeito de seus atos de indisciplina vividos na matéria. Se os encarnados soubessem o mal que fazem a si próprios, quando decidem tomar atitudes nocivas e maléficas...

– Mas Daniel, isso ocorre então pelo fato de os territórios pantanosos do Umbral inferior serem do mesmo nível vibratório das manchas e placas, não é mesmo? Por isso servem para drenar essas energias nocivas?

– Exato! Embora sofram muito nesses locais, isso os alivia da carga tóxica acumulada na Terra. Assim como seu psiquismo enfermo, depois de sofrer pela dor cruciante, desperta e se corrige para viver existências futuras mais educativas ou menos animalizadas.

– E é exatamente neste momento que a oração e a prece proferidas por amigos e familiares no plano material os auxiliam extremamente, não é mesmo, Daniel?

– Isso mesmo, Lucas. Por isso o pessoal lá da Terra tem que emanar muitas energias positivas quando alguém desencarna.

Os fluidos vibratórios positivos chegam ao peito da alma errante e auxiliam-na diretamente em sua recuperação.

Nós, como espíritos socorristas, apenas retiramos dos charcos purgatórios os "pecadores" que já estão em condições de uma permanência suportável nos postos e colônias de recuperação perispiritual adjacentes à crosta terrestre.

– Entendo Daniel, imagino que cada um tem certo limite que pode aguentar em meio a estes charcos. Então eles vão ser resgatados mesmo que ainda não tenham expurgado todas as placas, reencarnando em corpos onde permanecerão expurgando e drenando essas energias por meio das doenças que se manifestarão no corpo físico. Mas então não adianta ser bonzinho e não se preocupar com a evolução espiritual? Tem que fazer muita caridade, não é?

– Isso. Todos têm que trabalhar incansavelmente por sua melhora espiritual. Falsa caridade não existe no mundo espiritual. A caridade verdadeira vem de dentro para fora e não ao contrário. Mas não se pode abandonar ou desistir da medicina convencional – alerta Daniel.

Daniel levantou-se nesse momento e caminhou até uma mesa branca de apoio que fica em seu gabinete. Nela, há uma jarra de água fluidificada sobre uma bandeja repousada sobre uma linda toalha de renda branca. Daniel coloca água em um copo e serve a Lucas, pois sabe que o rapaz ainda precisa destes elementos terrenos para prosseguir em seu refazimento, já que acabara de despertar de sua mais recente volta do plano material. Daniel então retorna para sua cadeira onde seguirá a conversa elucidativa com o jovem aprendiz.

– Daniel, como a medicina pode ajudar? – perguntou Lucas ainda profundamente curioso e querendo muito aprender mais e mais para evoluir e poder ajudar mais espíritos.

– Não se deve pregar o conformismo. Por isso é lícito procurar a medicina terrena, que pode aliviar muito e curar onde for permitido.

Se a misericórdia divina colocou os medicamentos ao alcance da raça humana, é porque se deve utilizá-los para combater as energias nocivas que migraram do perispírito para o corpo físico. Mas não se deve esquecer que os medicamentos alopáticos combatem somente os efeitos da doença.

– Isso quer dizer que, quando as doenças estão presentes no corpo físico, se deve combatê-las, buscar alívio?

– Sim, Lucas, muitas vezes, essas doenças exigem tratamentos prolongados, outras vezes necessitam até de procedimentos cirúrgicos, mas tudo faz parte da "Lei de Causa e Efeito", que tenta despertar para uma reforma moral por meio deste processo doloroso.

Qualquer medida profilática em relação às doenças tem que se iniciar na conduta mental, exteriorizando-se na ação moral que reflete o velho conceito latino: mens sana in corpore sano.

– Entendi, Daniel.

– Os estados de indisciplina são os maiores responsáveis pela convocação de energias primárias e daninhas que adoecem o homem pelas reações de seu perispírito contra o corpo físico.

Sentimentos como orgulho, avareza, ciúme, vaidade, inveja, calúnia, ódio, vingança, luxúria, cólera, maledicência, intolerância, hipocrisia, amargura, tristeza, amor-próprio ofendido, fanatismo religioso, bem como as consequências nefastas das paixões ilícitas ou dos vícios perniciosos, são também geradores das energias nocivas. O espiritismo mal intencionado ou mal praticado também converte os espíritos para o estado trevoso.

Ou seja, a causa das doenças está na própria leviandade no trato com a vida. Analisando criteriosamente o comportamento, ver-se-á que os males que atormentam as pessoas persistirão enquanto não forem destruídas as causas.

– Daniel, isso quer dizer então que as soluções superficiais são, muitas vezes, enganosas? Que será preciso lutar contra todas as aflições, mas jamais de forma milagrosa? Todos devemos sempre pensar e agir dentro dos ensinamentos cristãos, a fim de alcançarmos a cura integral, se eu entendi corretamente. Mas, e como funciona a misericórdia divina?

– Para entender o que é misericórdia, vamos começar em Lucas, seu homônimo, em 10:30-37. Lá, Jesus está usando uma parábola para responder à pergunta de um advogado a respeito de quem é seu vizinho.

Enquanto houver esperança há possibilidades de ser plenamente feliz.

Osmar Barbosa

Árvore boa, bons frutos

Lucas 10:30-37

E, respondendo, Jesus disse: Descia um homem de Jerusalém para Jericó e este caiu nas mãos dos salteadores, os quais o despojaram, o espancaram e se retiraram, deixando-o meio morto. E, ocasionalmente, descia pelo mesmo caminho certo sacerdote. Vendo-o, passou de largo. E de igual modo também um levita, chegando àquele lugar e, vendo-o, passou de largo. Mas um samaritano, que ia de viagem, chegou ao pé dele e, vendo-o, moveu-se de íntima compaixão.

E, aproximando-se, atou-lhe as feridas, deitando-lhes azeite e vinho. E, pondo-o sobre a sua cavalgadura, levou-o para uma estalagem e cuidou dele.

E, partindo no outro dia, tirou dois dinheiros e deu-os ao hospedeiro. Disse-lhe: cuida dele. E tudo o que de mais gastares, eu te pagarei quando voltar.

Qual, pois, desses três te parece que foi o mais próximo daquele que caiu nas mãos dos salteadores? E ele disse: o que usou de misericórdia para com ele.

Em contraste com o sacerdote e o levita, o samaritano negou ser indiferente ao viajante quase morto. Em vez disso, ele teve compaixão por ele. Mostrou-lhe graça e o ajudou. Misericórdia, portanto, é ter compaixão por alguém. Para ajudar por amor sem esperar algo em troca. E o Senhor é muito rico na mesma. E ainda: *"Eu sou o Bom Pastor. O Bom Pastor dá a sua vida pelas suas ovelhas".*

– Allan Kardec formulou a seguinte indagação aos espíritos orientadores em sua jornada de concepção da obra *O Livro dos Médiuns*:

Por que Deus concede vista magnífica a malfeitores, destreza a gatunos, eloquência aos que dela se servem, para proferir coisas nocivas? O mesmo se dá com a mediunidade?

E, como era de se esperar, a resposta manteve o padrão lógico, assertivo e objetivo que os espíritos costumavam praticar nos momentos de contato com o Doutrinador:

Se há pessoas indignas que possuem a mediunidade é que disso precisam mais do que as outras, para se melhorarem.

– Meu estimado Lucas, jovem espírito de grandes aspirações morais, pensas que Deus recusa meios de salvação aos culpados? Ao contrário. Multiplica-os no caminho que eles percorrem. Põe-nos nas mãos deles. Cabe-lhes aproveitá-los.

– Entendi, Daniel. É mesmo incrível. Poderíamos pensar que Deus não dedicaria espíritos iluminados para missões junto àqueles que parecem não querer ajuda ou que seguem suas vidas à margem dos preceitos morais. Mas é justo o contrário que ocorre, *né*? Deus nos mostra que são justamente estes desmoralizados que mais precisam de nossa ajuda.

– Pois bem. Entendeste em profundidade o que vos digo, meu jovem Lucas. E o próprio traidor Judas, ele mesmo, não realizou grandes feitos bondosos? Ele mesmo, com suas mãos, não curou infinitas vidas como apóstolo? Ora, é claro e nítido que Deus permitiu que Judas tivesse esse arrependimento para que o episódio da traição se parecesse ainda mais imperdoável e revoltante.

A misericórdia Divina possui em si uma amplitude tão magnífica e esplendorosa, que "Ele faz o sol nascer para os bons e para os maus; e a chuva para beneficiar justos e injustos", conforme sabemos bem, não é mesmo, meu jovem? No entanto, indagações do mesmo gênero são formuladas por todos aqueles que não acreditam na multiplicidade das vidas do espírito no corpo físico, ou seja, na reencarnação.

– Sim, irmão Daniel, isso é verdade.

– É comum vermos no plano material uma pessoa bondosa e benevolente sofrer algum mal que a leve ao desencarne, e isso logo desperta um sentimento na população que afirma a sentença: *"Se fosse um homem de má índole não teria morrido"*.

Ora, o Pai concede aos seus filhos, independentemente da cor, credo, gênero ou classe social, uma grande sorte de possibilidades para que possam vencer na vida, não é mesmo? E quando digo vencer na vida não me refiro apenas ao acúmulo indiscriminado de bens materiais e de metais, como os encarnados costumam considerar o que seria de fato "vencer na vida".

– Daniel, as religiões tradicionais costumam ensinar para as pessoas que todos possuem "Anjo da Guarda", que fica sempre ao seu lado, zelando por você, por sua vida. Isso é mesmo verdade?

– Lucas, os espíritas, espiritualistas e espiritualizados, embora não acostumados a utilizar o nome de "anjo da guarda", também creem que há sim um espírito protetor. Muitos o chamam de mentor espiritual. O nome pouco importa, o que é importante é o fato de esse espírito assumir a missão nobre de proteger um espírito encarnado.

Mas é muito importante lembrar que este mentor não deve interferir no direito solene do livre-arbítrio e também nem ficar atrás dele como uma sombra.

A missão de mentor espiritual é belíssima, mas ao

mesmo tempo profundamente desafiadora. O mentor deve ficar o tempo todo muitíssimo atento aos caminhos da vida de seu protegido, oferecendo a ele toda a inspiração necessária para a prática indiscriminada do bem.

Quando o encarnado protegido titubeia entre o fazer o bem e o fazer o mal, o protetor fica ressentido por seu protegido não acatar o conselho salutar que lhe foi ofertado com tanto amor e dedicação.

– Mas Daniel, isso não impede que "Deus não conceda vista magnífica a malfeitores, destreza a gatunos, eloquência aos que se servem dela, para proferirem coisas nocivas", não é mesmo?

– Sim, Lucas, é verdade. Isso acontece, porque é dando ao homem essas virtudes e essa proteção que o Pai Celestial espera que, somado às orientações do espírito protetor e à livre utilização do direito do livre-arbítrio, esse encarnado terá que decidir entre o caminho do bem e o caminho do mal.

E é exatamente por ter diante de si essas opções que ele evolui. Se apenas o bem se dispusesse diante dele, ele não teria mérito algum em decidir-se pelo bem, não é mesmo? Pense bem. E, sendo assim, o espírito jamais progrediria.

– Que incrível, Daniel! Que sabedoria, que discernimento do Pai! Isso tudo me recordou algo que li. Era um trecho de um dos evangelhos que dizia que Deus, em sua infinita e profunda misericórdia, investe nos mais variados meios para que seus filhos conquistem e alcancem a reforma íntima de seus valores e sua moral.

Recordo-me como se fosse hoje que, no instante em que lia esse trecho, pensei que muitas vezes em nossas vidas sofremos, passamos por momentos de intensa dor, mas costumamos não associar este momento difícil com algum momento bom pelo qual passamos depois, na sequência.

Esses momentos estão profundamente interligados, não é mesmo? É que, quando encarnados, costumamos ser muito ansiosos, imediatistas. É apenas quando desencarnamos e chegamos aqui no plano espiritual, que nos damos conta de que o tempo é uma estrada muito mais longa e ampla do que poderíamos imaginar com nossas visões turvas enjauladas no corpo material. E pensei: muitas vezes, a dor nos impulsiona à prática do amor. O arrependimento nos inspira a mudarmos nossa história. E, por fim, se o espírito não aproveita as bênçãos generosas que lhe são concedidas em uma missão de reencarnação na Terra, Deus lhe concede mais e mais reencarnações depuradoras, com a abençoada aplicação da Lei de Causa e Efeito.

– Exato, meu querido aprendiz exemplar. Vejo seus olhos brilhando de entusiasmo, e isso muito me alegra.

– É exatamente assim que me sinto, irmão Daniel. Muito entusiasmado com isso tudo. Só tenho a agradecer pela paciência em me passar tanto saber.

– Quem tem que agradecer neste momento sou eu e todos nós, da colônia e do mundo espiritual, por você se dedicar tanto a aprender como tudo funciona por aqui. Pois bem, a ordem natural das coisas é justamente fazer com que essas vidas sucessivas tragam e introduzam perfis e desafios diferentes na vida eterna daquele espírito.

Isso quer dizer que o malfeitor que fazia tudo por baixo dos panos, para que ninguém visse suas maldades, poderá reencarnar deficiente visual para ter a oportunidade de depurar-se do mal feito na vida anterior. O ladrão, por exemplo, que ameaçava suas vítimas com sua mão agressiva e maldosa, poderá reencarnar como um homem ceifado por deficiências físicas.

– Perfeito, Daniel, estou extremamente feliz com seus ensinamentos.

– Que bom, meu querido Lucas. Muito me alegra poder partilhar tudo isso com você e, melhor ainda, poder constatar que você recebe esses ensinamentos de braços abertos e coração ávido por aprender, evoluir e interiorizar tudo isso em sua existência. Não foi Jesus que afirmou que "Se a árvore for boa, ela produzirá bons frutos, mas se for má, produzirá maus frutos"?

COLÔNIA ESPIRITUAL AMOR & CARIDADE

– Irmão Daniel, quer dizer que a misericórdia de Deus é ativa a todo o momento?

– Isso mesmo, Lucas, a misericórdia é ativada toda vez que o espírito busca verdadeiramente o caminho evolutivo, preste atenção. Imagine você: se considerássemos, ainda que por algum segundo, a hipótese de que todos nós temos apenas uma vida a realizar na Terra.

Imagine se a reencarnação não fosse uma verdade indiscutível. Como seria então o destino de malfeitores que promoveram a traição e a morte, muitas vezes, de centenas e de milhares pessoas? Eles simplesmente teriam passado pela Terra e nada mais?

Aquele que praticasse o mal não teria nenhuma consequência futura pelos seus atos indiscriminados? Perceba, não há lógica alguma nisso. Não estamos conversando sobre religião aqui, meu jovem, estamos falando há algumas horas sobre justiça e lógica.

– Eu compreendo, Daniel. Mas as pessoas desconhecem o que aconteceu em suas vidas anteriores, não é mesmo? Mas como sabemos, passaram por expiações pesadas e missões árduas.

– Isso mesmo, Lucas. Mas sabemos também que essas mesmas pessoas, com a supremacia Divina da Lei da Evolução, tiveram sempre a oportunidade de usar essas pro-

~ 82 ~

vas como catapultas de suas almas. Tiveram em suas mãos a incrível oportunidade de evoluir adiante, já que o espírito jamais caminha para trás. Com isso, poderiam ter saldado seus débitos com o tribunal da Justiça Divina.

– Irmão Daniel, quer dizer que a misericórdia de Deus está de prontidão em todos os momentos de nossa vida?

– Sim, a misericórdia é acionada toda vez que um espírito anseia e opta verdadeiramente pelo caminho evolutivo. Preste muita atenção nisso, Lucas. É necessário que se reflita sobre a existência. Todos precisam se perguntar: Quem é você hoje? E antes de nascer, o que você era? Por que as pessoas e suas histórias de vida são tão diferentes? Por que a sorte sorri para umas pessoas e para outras é só desgraça e dor? Por que umas nascem enfermas e outras sãs? Por que umas são miseráveis e outras abastadas? Por que umas, demorando-se em má conduta, sofrem menos que outras, que só fazem o bem? Por que o Criador permitiria essas aparentes desigualdades entre seus filhos? Por que a felicidade completa ainda não é deste mundo? Por que muitos, após realizarem todos os seus sonhos e se tornarem bem-sucedidos, descobrem que nada disso fez sentido e cometem o suicídio? De onde vens? Para onde vais? O que você está fazendo na Terra?

– É verdade, Daniel, por vezes não paramos para refletir sobre nossa própria existência – comentou Lucas de forma reflexiva, com os olhos marejados de emoção.

– Menino Lucas, várias pessoas viajam num trem, carro, navio ou avião, mas somente uma ou algumas delas se salvam, após desastre terrível. Qual seria a razão de "sortes" tão diferentes? Onde encontrar, em fatos tão díspares, a Justiça Divina? Estas são indagações milenares que os estudiosos procuram responder, em vão, com base nos compêndios humanos.

Se os homens fossem mais atentos aos fenômenos da vida, principalmente aos de ordem social, aprenderiam a interpretar melhor a realidade que os cerca, buscando nas leis divinas a base fundamental dos seus códigos, submetendo suas conquistas aos princípios de uma ética incorruptível, evitando, por exemplo, a aprovação de leis que atentam contra a vida, em seus múltiplos aspectos, como no caso do aborto, da eutanásia e da pena de morte. A lei natural é a Lei de Deus. É a única e verdadeira para a felicidade do homem.

– Daniel, eu penso que esta lei natural é o que nos indica o que se deve fazer ou não. E que o homem só é infeliz porque dessa lei se afasta. Não é verdade?

– Sim, Lucas, é verdade. Para aqueles espíritos desesperados que ainda não se propuseram a compreender as leis naturais ou para muitos que ainda insistem em ignorar, por exemplo, a justiça das reencarnações e da lei de causa e efeito, da imortalidade e do progresso dos espíritos, tudo parece perdido, especialmente quando as tragédias e os sofrimentos abatem seus ânimos.

– Mas Daniel, como algumas pessoas podem acreditar que a criatura humana venha a ser condenada irremissivelmente a um inferno eterno por erros cometidos em única existência? Se Deus assim agisse, seria menos justo que os próprios homens, que apesar de imperfeitos, vêm criando leis equitativas para julgar seus semelhantes cujas penas são proporcionais aos malefícios cometidos. Não entendo como tem tanta gente que ainda consegue acreditar nisso e não enxergam que a vida é eterna.

– Lucas, todos os espíritos, encarnados e desencarnados, estão submetidos à lei natural que governa o Universo, a Lei de Deus, que está acima das legislações humanas, transitórias e imperfeitas. Inclusive acima da ignorância e estupidez humanas.

Sendo Deus o autor de todas as coisas, segue-se que todas as leis da natureza, sejam elas físicas ou morais, têm o selo da paternidade divina. Enquanto o sábio estuda as leis da matéria, com o auxílio da Ciência, o homem de bem estuda e pratica as leis da alma, que são as leis morais, contando, para isso, com o apoio da filosofia e da religião, pilares do espiritismo.

– É verdade, irmão Daniel. Em Sua infinita misericórdia, sabedoria, bondade e justiça, Deus faculta a todos os seres pensantes os meios de conhecerem Sua lei. Venho percebendo isso claramente a cada reencarnação.

– Todavia, mesmo conhecendo-a, nem todos a compreendem de imediato, Lucas. É por tal motivo que nós, espíritos, os alertamos que uma única existência não basta para alcançar esta meta, pois necessita, para isso, de experiência, maturidade, isto é, de evolução intelecto-moral.

– Mas Daniel, os que perseveram no bem e os interessados em pesquisar tais leis são os que melhor as compreendem, não é mesmo? Eles conseguem sentir a ventura de penetrar, gradualmente, nos segredos que elas ocultam. Imagino que no futuro, porém, todos partilharão dessas experiências, uma vez que o progresso é inevitável. Eu acredito nisso.

– Você está completamente correto, Lucas. A unicidade da existência não se compadece com a lógica divina, por isso milhões de criaturas humanas perecem diariamente ainda embrutecidas na selvageria e na ignorância, sem que tenham tido a oportunidade de se esclarecer.

– Mas então são os benfeitores que ensinam aos espíritos que a lei de Deus, a lei moral, está cravada e esculpida na consciência de cada um?

~ 86 ~

– Sim, é exatamente isso. Mas apesar disso, esta lei necessitou ser revelada ao homem, por meio de missionários, uma vez que ele a esqueceu e a desprezou por completo.

Em meio a esses mensageiros do bem surgem eventualmente os "falsos profetas" que, movidos pela ambição e confundindo as leis que regulam as condições da vida da alma, com as que regem a vida do corpo, se atribuem uma missão que não lhes cabe.

– Daniel, não sei se o que vou lhe perguntar é uma grande besteira, mas com isso tudo que você está me explicando, sinto que Deus permite que isso aconteça para que a gente consiga aprender a discernir o bem do mal?

– Exato, Lucas. E jamais se encabule de perguntar e de querer saber mais sobre as coisas. Aquele que busca o saber jamais será considerado tolo por isso, muito pelo contrário. O verdadeiro profeta inspirado por Deus cultiva virtudes: é reconhecido não somente pelas palavras, mas também pelos seus atos, uma vez que Deus não se utiliza de um emissário dado a mentiras para ensinar a verdade.

No afã de dominar as massas, esses falsos profetas apresentam leis humanas, concebidas unicamente para servir às paixões, como se fossem leis divinas. Apesar disso, por serem homens de gênio, mesmo entre os equívocos que propagam muitas vezes se encontram grandes verdades.

– Daniel, foi por isso que Deus ofereceu Jesus como o tipo mais perfeito? Para servir de guia e modelo aos homens?

– Isso mesmo, Lucas, mas muito antes da vinda de Jesus à Terra já era possível percebê-las em seus sinais por aqueles que estivessem dispostos a meditar sobre a sabedoria. Por isso, muitas dessas leis foram antecipadas, em parte, por uma série de homens virtuosos que prepararam o terreno para a vinda do Messias maior. Não por acaso, alguns desses preceitos consagrados por essas leis têm sido proclamados em todos os tempos e lugares, com destaque para o código de ouro do Universo: "Não faça ao outro o que você não gostaria que fizessem contigo".

– Daniel, sempre pensei que Jesus, para não chocar as pessoas, ainda desprovidas do conhecimento e da compreensão em relação a determinados assuntos, utilizava-se de alegorias que seriam futuramente desvendadas quando tivesse adquirido maior desenvolvimento, o que efetivamente aconteceu, com o progresso da Ciência e o advento do próprio espiritismo, o consolador prometido. É isso mesmo?

– Isso mesmo, Lucas. Todo ensinamento deve ser proporcional à inteligência daquele a quem é dirigido, pois há pessoas a quem uma luz viva demais deslumbraria, sem as esclarecer.

Entretanto, Jesus somente procedia assim quanto às partes mais abstratas de sua Doutrina. No tocante à caridade para com o próximo e à humildade, condições básicas da "salvação", tudo o que disse a esse respeito foi inteiramente claro, explícito e sem ambiguidades.

– Até mesmo para chegar ao coração do maior número possível de pessoas, não é, Daniel? Então é por isso que temos a missão de abrir os olhos e os ouvidos da humanidade, de modo que ninguém possa vir a alegar ignorância?

– É bem isso, Lucas. Temos que ajudar as pessoas incrédulas a interpretar a Lei de Deus, ao sabor de suas paixões e interesses pessoais, visto que a compreensão da lei moral é o que há de mais necessário e precioso para a sua alma.

Permite medir os recursos internos, regular o seu exercício e dispô-los para o bem. As paixões são forças perigosas, quando lhes estando escravizados; úteis e benfeitoras, quando sabeis dirigi-las; subjugá-las é ser grande; deixar-se dominar por elas é ser pequeno e miserável.

Se desejarem libertar-se dos males terrestres, evitando as reencarnações dolorosas, vivenciem, na medida do possível, as leis morais, pois elas constituem o roteiro de felicidade do homem, construtor do próprio destino, nas sendas da evolução.

– Irmão Daniel, estou extasiado com suas palavras, impressionado com toda sua sabedoria e sua bondade em partilhar tanta informação valiosa comigo, um mero aprendiz.

– Ora, menino Lucas, a minha sabedoria é apenas compatível com as vidas de um experiente espírito como eu. Não é nada demais. Apenas estou há mais tempo caminhando pelas jornadas da vida e por isso aprendi um pouco mais.

– Além de tudo, ainda é profundamente modesto...

– Bom, mas o importante nisso tudo que estamos conversando é que as pessoas não devem permitir que vossos corações sejam enganados pelas oportunidades promíscuas da Terra.

Essa vida que todos têm agora será concretizada e outras virão.

Por isso todos devem trabalhar para a próxima, pois essa já está em curso. Acompanhe a evolução, não se permita estacionar. Isso te fará bem, para sempre, na vida eterna.

"Um dia perceberemos quando voltarmos ao mundo espiritual que todas as nossas atitudes pesaram no resultado final."

Osmar Barbosa

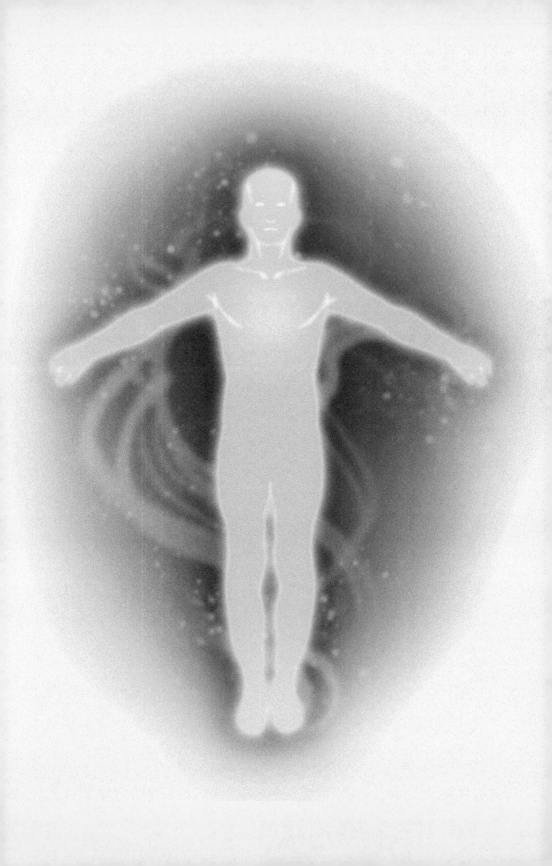

Perispírito e Energia Vital

Daniel chamou por Marques que, para variar, entrou esbaforido com muita intensidade, que era sua característica.

Sempre sorridente, mas ao mesmo tempo preocupado com o bem-estar de Daniel. Eles conversaram então para que fossem iniciados os preparativos para a reunião de orientação dos trabalhos nas casas espíritas, evento de gestão que ocorria todos os dias na Colônia Amor & Caridade.

Nessas reuniões, conforme vimos no livro *Cinco Dias no Umbral*, Daniel orientava os mentores espirituais das casas espíritas da Terra para que os trabalhos de cura e refazimento fossem realizados sempre em melhoria e em benefício do maior número de pessoas e da melhor forma possível.

Depois de passar as orientações a Marques, Daniel avisou a ele que iria dar uma volta com Lucas para mostrar-lhe algo na colônia e que quando voltasse iria repassar com ele a pauta da reunião.

– Vamos, Lucas, vamos dar uma caminhada pela colônia. É sempre bom refletir caminhando para oxigenarmos nossos espíritos e pensarmos com mais afinco sobre tudo.

– Vamos sim, Daniel, estou precisando mesmo rever todos por aqui.

Eles então iniciaram a caminhada pelos caminhos que ligam o gabinete ao pátio central da colônia, onde alguns espíritos estavam sentados em um enorme gramado conversando.

Lucas prosseguiu com as dúvidas. Observando a cena, onde o sábio e o aprendiz caminhavam lado a lado, foi difícil definir quem estava aprendendo mais com quem ali. Podia-se presenciar uma intensa troca de experiências e conhecimentos em que, era certo afirmar, que o maior beneficiado seríamos nós, encarnados, que estamos recebendo todo este momento único por meio do conteúdo psicografado neste livro.

– Eu tenho algumas dúvidas sobre o perispírito, poderíamos conversar um pouco mais sobre este tema?

– Sim, claro, meu jovem...

– Querido irmão Daniel, a forma perispiritual é eterna ou se modifica?

– O perispírito é uma intensa condensação dos fluidos cósmicos universais que abraça com fraternidade a alma. É um envoltório semimaterial. É como se fosse uma atmosfera que envolve a alma, o espírito encarnado. O perispírito é um laço que une o espírito à matéria do corpo físico. O perispírito é semimaterial, pois pertence à matéria, pela sua origem; e à espiritualidade, pela sua natureza etérea.

– Daniel, é como se fosse um fruto então, como um pêssego. O caroço está representando o espírito; a parte da fruta, o perispírito; e a casca, o corpo material. Sem a casca, não haveria conexão entre o corpo material e o caroço, o espírito. Eles não estariam unidos em um só elemento que é o ser humano encarnado. É isso ou estou falando uma enorme besteira?

– É isso mesmo, Lucas, você está certíssimo em sua analogia. Por sua natureza, em seu estado normal o perispírito é invisível. Porém, ele pode sofrer modificações que o tornem perceptível e até tangível, ou seja, possível de ser visto e tocado.

– Daí surge a vidência, imagino.

– Isso mesmo. A vidência, em seus diversos tipos, geralmente enxerga o perispírito que adquire uma forma mais facilmente reconhecível para o olhar do encarnado.

É importante salientar que a natureza do perispírito acontece sempre em relação ao grau de adiantamento moral do espírito, portanto, conforme seja mais ou menos depurado o espírito, seu perispírito se formará das partes mais puras ou mais grosseiras do fluido peculiar ao mundo ande ele venha encarnar.

– Entendi, Daniel, agora entendi. Mas então, quais seriam essas propriedades do perispírito?

– Ora, o perispírito não se acha encerrado nos limites do corpo, como numa caixa lacrada e sem frestas. Não se pode pensar apenas dessa forma isolada. Até mesmo pela sua natureza fluídica ele é totalmente expansível. Irradia para o exterior de forma fluídica, formando em torno do corpo uma atmosfera que o pensamento no bem, a força de vontade e a ação de caridade podem conseguir dilatar com maior ou menor intensidade.

– Nossa, então pode ser daí que vem o hábito popular de se dizer que uma pessoa muito bondosa e caridosa é uma pessoa iluminada, não é mesmo?

– Olha, Lucas, sim, podemos dizer que sim. Trata-se de uma gíria ou hábito popular, mas que não deixa de condizer com a verdade. E, sendo o perispírito dos encarnados de natureza idêntica à dos fluidos do mundo espiritual, eles os assimilam com facilidade, com a mesma naturalidade que uma esponja porosa se embebe de um líquido.

– Então imagino que se os fluidos são de boa natureza o corpo ressente uma impressão salutar. Mas se são maus, a impressão é penosa.

OSMAR BARBOSA

– Isso mesmo, Lucas. Da mesma forma, que se forem permanentes e enérgicos, os fluidos maus podem ocasionar desordens físicas. Não é outra a causa de grande parte das enfermidades que fazem com que os encarnados adoeçam.

De longe, Daniel avista Ruí acenando para ele com vigor e alegria. O velho cigano caminhou então na direção do caminho por onde os dois seguiam e, com um sorriso maroto em seu rosto experiente e bronzeado, saudou Daniel com a energia de sempre.

– Que passa, meu nobre irmão Daniel: Que passa, hum?

– *Muy bien*, amigo Ruí. Estou a caminhar com o jovem menino Lucas pelos jardins da colônia... Busco saciar um *poquito* a avidez dele por conhecimentos...

– *Muy bien, muy bien... Atitute sábia, atitute sábia... Como no poderia deixar de ser vindo de usted, no és mesmo, Daniel...* Uma alegria enorme revê-lo, querido amigo.

– Digo e sinto exatamente o mesmo, meu amigo cigano.

– Se encontrarem meu amado *hijo* Rodrigo por aí, diga--lhe, por favor, que gostaria de falar com ele e que estarei por ali, no estábulo da colônia – Ruí falou, apontando para a área da colônia reservada aos animais utilizados na fisioterapia dos doentes de câncer.

Foi Rodrigo, o encantador de cavalos, que havia muito tempo na colônia descobriu que o trato e o simples contato

~ 97 ~

Colônia Espiritual Amor & Caridade

com os animais, principalmente os cachorros e cavalos, funcionavam de forma extremamente benéfica para uma recuperação mais rápida dos recém-desencarnados de câncer vindos do plano material. E Ruí era um dos supervisores desta importante área da colônia.

– Claro, Ruí, pode deixar. Se não encontrá-lo agora na caminhada, certamente o encontrarei na reunião sobre as casas espíritas de logo mais... Passo-lhe o recado, pode deixar.

– *Gracias*, amigos, boa caminhada para vocês... Meu jovem, aproveite cada milésimo de segundo deste nobre *hombre*, cada gota salutar de seu gigante saber vale mais do que o ouro mais puro que existe...

– Pode deixar, cigano Ruí, pode deixar, que estou gostando muito e valorizando cada sílaba que recebo de Daniel.

Daniel e Lucas seguiram então sua caminhada enquanto Ruí se despedia com algumas gargalhadas. Sempre muito simpático e para cima este cigano.

– Pois bem, Lucas, onde estávamos mesmo?

– Você falava sobre o perispírito em face das doenças...

– Ah, sim, pois sim, me recordei. Então, ia lhe dizer que, até mesmo em virtude de sua natureza etérea, o espírito propriamente dito não pode atuar sobre a matéria grosseira, sem intermediário, isto é, sem o elemento que

~ 98 ~

o ligue à matéria. E é isso que estamos ajustando aqui em Amor & Caridade. Esse é o nosso trabalho a maior parte do tempo, entende?

– Sim, entendo cada vez mais, Daniel.

Comunicação com os Espíritos

as de forma prática, quais são as principais funções do perispírito então, irmão Daniel?

– Pois bem, Lucas... O perispírito é o organismo que personaliza e individualiza o espírito. É ele, inclusive, que o identifica quanto à aparência.

– Ué, mas é pelo perispírito que guardamos a aparência, então?

– Sim, ora. A alma, após a morte, jamais perde sua individualidade. Ela preserva essa individualidade, apesar de não mais possuir o corpo material. E é exatamente o perispírito que guarda essa aparência de sua última encarnação. É por meio dele que um ser abstrato, como é o espírito, se torna um ser concreto, definido e compreensível pelo olhar e pelo pensamento. É como se fosse um molde do corpo físico.

– Imagino que isso ocorra até mesmo para facilitar a comunicação com os encarnados, não é mesmo?

– Isso mesmo! Podemos dizer que ele é como se fosse um esboço, um modelo, uma forma em que se desenvolve o corpo físico. Mas ele também é mais do que isso...

– Ai meu Deus, lá vem... Ainda tem mais?

– Ainda tem muito mais, meu jovem... – afirmou um sorridente Daniel.

– O perispírito ainda funciona como um... – tá preparado? – ... modelo organizador biológico.

– Meu Deus, mas o que seria isso, Daniel?

– Calma, não é tão complicado quanto possa parecer, não. Deixa eu explicar: acontece que é na intimidade energética do perispírito que se agregam as células e que se modelam os órgãos, proporcionando-lhes o funcionamento do corpo físico.

– Meu Deus, isso tudo deixa todo o resto tão mais claro... Como é que pode ter gente que ainda duvida que a causa de muitas das doenças do corpo é de origem espiritual se está tudo tão interligado desta forma...

– Pois é, Lucas, é difícil acreditar como as pessoas ainda insistem em não compreender suas existências de forma mais ampla e profunda. Focam suas preocupações e anseios nas causas materiais apenas, preocupando-se ainda com apenas uma vida, a vida corrente e momentânea.

Não enxergam que poderiam trabalhar já para as próximas vidas. E que, se conseguissem se dedicar com afinco e dedicação à caridade de forma sublime, poderiam adiar ou até cancelar diversas enfermidades e problemas nesta vida e nas próximas.

– É verdade, irmão Daniel, é a mais pura verdade.

– Pois então, Lucas, você, que acaba de voltar do plano material, saberia me dizer, dentro disso que estamos conversando, qual é o princípio das comunicações com os espíritos?

– Ai meu Deus, tenho medo de falar besteira...

– Meu jovem Lucas, já lhe disse, esse medo é o pior que pode acontecer a você. O medo de errar é um dos maiores problemas da humanidade... Saiba você que mais vale tentar e errar do que se abster de tentar, de evoluir, de aprender. Arrisque-se mais, vamos...

– Bom, vamos lá, vamos ver se sei esta resposta, então.

Imagino que tudo isso que você disse sobre o perispírito também nos ajude a compreender a forma como os espíritos conseguem se comunicar com os encarnados no plano material.

Imagino também que para atuar na matéria o espírito precisa de matéria. Como já foi dito por você, em virtude de sua natureza etérea, o espírito, propriamente dito, não pode atuar sobre a matéria grosseira sem um intermediário que o ligue a essa matéria. Então, juntando tudo isso e batendo no liquidificador, posso me arriscar em dizer que esse intermediário também é o perispírito, que seria o elemento que faculta a chave de todos os fenômenos espíritas de ordem material. Portanto, o perispírito seria este órgão de manifestação utilizado pelo espírito nas comunicações com o plano dos espíritos encarnados.

Daniel, com os olhos marejados de lágrimas de emoção, comentou com a voz embargada por constatar ali, diante de si, o saber ganhando vida e se proliferando pelo conhecimento de mais um jovem.

Daniel sabia que é desta forma que o conhecimento ganha asas e consegue se expandir para um número maior de pessoas, uma das missões maiores e mais importantes da Doutrina Espírita.

Lembrar às pessoas a verdade universal que já está gravada em suas almas. E vendo ali, diante de seus olhos, mais um jovem absorvendo o conhecimento com tamanho domínio e avidez o emocionou, por vivenciar o saber se proliferando pelo universo. Ao se recuperar um pouco da emoção, Daniel parabenizou Lucas.

– Muito bem, meu jovem menino Lucas, muito bem. Enche-me de alegria constatar que você está assimilando tudo que estamos conversando de forma plena e inteligente. Estou comovido, meu jovem, com sua percepção e discernimento.

Lucas então o abraçou de forma cúmplice e fraterna.

Daniel parou com Lucas em um dos jardins da colônia para sentarem um pouco e refazerem-se do momento de tamanha emoção.

Dirigiu-se próximo a uma fonte de água fluidificada que ficava nos arredores deste jardim, que dava para um grande bosque que cercava toda a área da colônia.

Era nesse bosque que ficavam as enormes aldeias de espíritos de índios desencarnados que auxiliavam em diversas atividades da Colônia Amor & Caridade, entre elas a segurança contra espíritos mal intencionados.

Ou você achava que índio não tinha espírito, como nós? E que eles não teriam também colônias e áreas nas colônias especiais para que eles seguissem suas histórias de vida de forma alinhada com seus hábitos e costumes no plano material? Pois bem, depois de servir mais uma vez água fluidificada ao menino Lucas, Daniel prosseguiu com o papo.

– Beba, Lucas, você ainda está no processo de refazimento de sua chegada do plano material. Vamos aproveitar e descansar um pouco aqui nesse gramado.

– Obrigado, irmão Daniel, obrigado.

Em um gesto fraterno, Daniel convida Lucas a sentarem-se em um pequeno banco com ripas de madeira colocado em local previlegiado, de onde se podia ver quase toda a colônia.

– Pois bem, temos que tomar alguns cuidados com tudo isso que estamos aprendendo a respeito do perispírito. Isto porque é muito comum que alguns confundam alguns atributos do espírito como sendo do perispírito.

A sede onde a memória reside é um deles. Neste caso, o espírito é quem abriga a memória, pois ele é o ser inteligente, pensante e eterno.

Sem o espírito, o perispírito é uma matéria inerte privada de vida e sensações, entende?

– Sim entendo.

– A mesma coisa se dá quando nos referimos ao local onde se abriga a sensibilidade. É o espírito quem ama, sofre, pensa, é feliz, triste, ou seja, é nele que residem todas essas sensações ou faculdades.

– Entendo perfeitamente, Daniel. O perispírito é como se fosse apenas o veículo que transmite todas essas sensações e acumula as energias oriundas dos pensamentos, sentimentos, emoções...

– Isso mesmo, mas cuidado com esse "apenas", porque isso não é pouco não. Não vamos nos enganar também. Cada qual tem suas funções nobres, e a do perispírito é enormemente importante. Afinal, o perispírito é o principal instrumento a serviço do espírito, e isso é muito.

– Sim, claro, eu compreendo.

– Como sabeis, ao pensar, todos nós criamos uma energia mental. Os sentimentos e as emoções também criam energias específicas. E toda essa energia é matéria, e por ser matéria fica retida no perispírito. Em resumo, o perispírito é matéria e, assim sendo, não pensa e nem tem memória. Pensar e ter memória, entre outras sensações e emoções, são atributos do espírito.

– Mas então podemos dizer que ele seria como um órgão sensitivo do espírito?

– Isso mesmo, Lucas, o perispírito é o órgão de transmissão de todas as sensações do espírito e, por isso, tem suma importância para diversas ações do mesmo.

– Bom, sendo assim, imagino que quando o corpo recebe uma sensação que vem do exterior, o perispírito, que está ligado a esse corpo, transmite essa sensação. E então o espírito, que é o ser sensível e inteligente, a recebe. E vice-versa: quando o ato é de iniciativa do espírito, o perispírito transmite e o corpo executa.

– Exato! Muito bem, Lucas, muito bem! Aplausos para você. Espere um momento aqui sentado.

Nesse momento, Daniel levantou-se, bateu as mãos como se estivesse limpando sua roupa, e começou a fazer alguns movimentos no ar.

Lucas, a princípio, não compreendeu o que ocorria e chegou a achar que Daniel não estava muito bem, sorrindo um pouco com esse pensamento engraçado. Daniel percebeu e brincou com o jovem, dizendo que ele estava achando que ele havia enlouquecido.

Mas não, Daniel não enlouquecera. Ele estava, na verdade, começando a desenhar em uma tela formada por uma fumaça branca, como uma nuvem que ele mesmo formou com alguns movimentos das mãos, como uma tela holográfica, que todos vimos em filmes como *Minority Report* e *Avatar*.

Para explicar ainda melhor ao menino Lucas como se estrutura tudo isso que eles estavam conversando, Daniel começou a desenhar nesta tela esfumaçada uma ilustração que explicava como se dão as comunicações entre os seres. Algo como a ilustração representada a seguir.

– Consegue compreender melhor agora, jovem Lucas?

– Claramente, mais claro do que nunca... Percebo mais claramente que de fato a comunicação se dá pelo pensamento, e isso ocorre apenas de perispírito para perispírito, não é mesmo?

– Exatamente, você está corretíssimo.

– Mas agora lascou, porque me surgiu mais uma dúvida, e essa é difícil, hein...

OSMAR BARBOSA

COMUNICAÇÃO DE DESENCARNADO PARA ENCARNADO

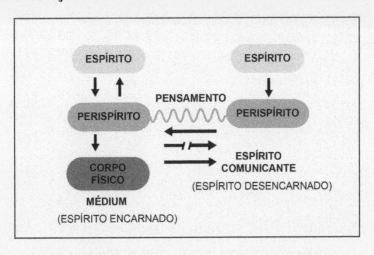

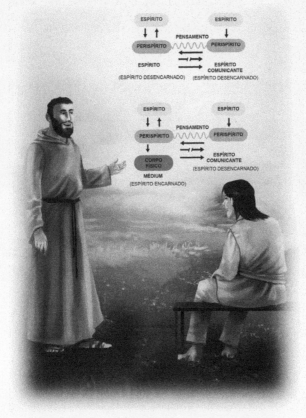

– Pode mandar! – disse Daniel, sorridente e empolgado com a fluidez com que a troca de conhecimento estava acontecendo.

– Mas e o que acontece na comunicação entre desencarnados, como esta que estamos tendo aqui neste exato momento?

– Pois bem, excelente pergunta... Espere só um segundo.

Daniel então se virou mais uma vez para a grande tela branca e em um movimento apagou alguns detalhes do desenho anterior, redesenhando de outra forma para buscar explicar para Lucas o que ele havia perguntado. O desenho ficou mais ou menos assim...

COMUNICAÇÃO DE DESENCARNADO PARA DESENCARNADO

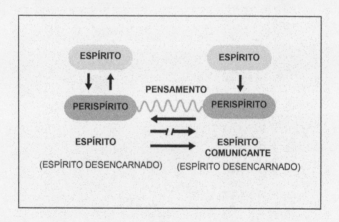

"Porque Deus é tão bom que nos permite plantar o que quisermos, mas ele é tão justo que colheremos exatamente aquilo que plantamos. Os frutos de nossa bondade e amor ou as atribulações de nossas mágoas e de nossos rancores."

Osmar Barbosa

A causa espiritual das doenças

Daniel, mas podemos dizer que há órgãos no perispírito?

– Sim, por uma simples observação do corpo físico, pode-se deduzir que o perispírito possui, também, algo semelhante a órgãos, isto é, aglomerados de moléculas, cuja configuração especial é destinada à execução de determinadas funções, entende? Tais aglomerados moleculares, evidentemente, são apropriados ao funcionamento na vida extrafísica, promovendo a captação e assimilação de energias e fluidos necessários à sua manutenção, captação e assimilação, que se processam de modo essencialmente diverso da vida física.

– Mas Daniel, imagino que eles não podem, por isso mesmo, serem iguais aos órgãos do corpo denso.

– Sim, é verdade. Mas os órgãos do perispírito podem também ser lesados pela ação desordenada ou maléfica da mente do indivíduo e pelos seus atos. Vamos nos lembrar do relato de André Luiz no livro Nosso Lar, quando ele descobriu que havia sido considerado um suicida por ter provocado, em seu organismo, desequilíbrios que culminaram em seu desencarne.

– É mesmo. E isso assustou muita gente, não é mesmo? As pessoas não percebem esses atos como agressões representativas contra si mesmas. É como se você estivesse se matando aos poucos, mas que não difere muito de você pegar e dar um tiro na própria cabeça. Em ambos os casos, é um suicídio, não é mesmo?

– Lucas, todo desequilíbrio provocado ao corpo devido a condutas inadequadas resultará em uma enorme desarmonia no perispírito. Esta conduta inadequada pode ser mental, fruto de alguma irritabilidade, alguma preocupação ou tristeza exacerbada. Como também pode ser fruto de maus hábitos como a gula, o uso de drogas, o cigarro, o alcoolismo, o consumo de carnes, produtos industrializados e quimicamente alterados.

– Daniel, saiba que é muito bom ouvir isso tudo vindo de você. Você deve ter conhecimento que nesta mais recente encarnação eu encarnei como vegetariano e eu senti na pele o dissabor de ser tratado como um diferente, como uma exceção.

É incrível como as pessoas não percebem em todos os animais o mesmo que elas percebem com alguns deles. Afinal, qual seria a diferença entre um cachorro e um boi? O que os difere, a não ser o fato de o primeiro ser amado pelos humanos e o segundo ser cruelmente assassinado para servir de mero alimento?

– Isso é mesmo muito triste, Lucas. Mas tenha calma, pois temos recebido notícias de que esse entendimento cada vez mais vem sendo e será disseminado no plano material.

Cada vez mais e mais crianças nascerão com essa consciência de que não há porque matarmos outros animais para nos saciarmos de vitaminas e minerais. Afinal, Deus, em Sua sabedoria, forneceu ao homem todas as fontes de vitaminas e minerais que ele precisa para viver com saúde sem que para isso seja necessário sacrificar milhões de seres vivos como ele mesmo. Isso vai mudar. Já está mudando!

– Que bom, Daniel, que bom...

Toda essa desarmonia causada no perispírito, por causa do desequilíbrio provocado pelas condutas inapropriadas, ocorre porque ele funciona como uma espécie de esponja, absorvendo as lesões orgânicas, entende?

– Entendo sim. Isso quer dizer que as enfermidades provocadas ou agravadas pelo vício permanecerão no corpo espiritual aqui na colônia, por exemplo. E isso seguirá por longos períodos após a morte, requerendo muito tratamento no plano espiritual, como o que fazemos em Amor & Caridade.

– Isso mesmo, Lucas, e muitas vezes só serão sanadas em outras encarnações por um processo inverso, em que o perispírito lesado plasmará no novo corpo uma falha, uma fragilidade, uma vez que o perispírito é o molde do corpo físico.

Acontece muito de a pessoa apresentar no órgão correspondente uma enfermidade ou uma predisposição mórbida, resultado de sua própria conduta passada. É a lei de ação e reação.

Assim sendo, alguém que maltratou o fígado com o alcoolismo reencarna com um grave problema neste mesmo órgão e assim por diante com o coração, o pulmão, entre outros. Pela lei da afinidade se atraem os semelhantes. Lembre-se sempre disso.

– Daniel, mas podemos dizer então que os espíritos que desencarnam conservam os mesmos hábitos e necessidades, dependendo de sua condição evolutiva, até que, pelo próprio esforço, consigam vencê-los?

– Isso mesmo, mas lembremos de que também há aqueles espíritos que agem de forma maléfica, induzindo outros espíritos encarnados ao erro. E como já vimos, o espírito não pode atuar na matéria direta, sem um intermediário.

Assim, as pessoas que baixam o nível de suas vibrações, andando com pessoas erradas, em locais errados, acabam atraindo para elas mesmas estes irmãozinhos que, como elas, possuem as mesmas necessidades nocivas. Vibram em sintonia no erro. E, assim sendo, todas as vezes que sentem aquela vontade de fumar, acabam atraindo esses espíritos maléficos para próximo de si.

E eles as induzem a não desistir de fumar, a não evoluir, a não abrir mão desses males. E isso é muito grave, pois a partir de então não mais estará apenas a sustentar o seu vício como também de desencarnados de baixa vibração que saciarão seus hábitos nocivos por meio de você e de suas atitudes. Desta forma, criam para si uma obsessão que vai perturbá-los de forma insistente.

– E tudo entra em um ciclo de desarmonia constante, imagino.

– Exatamente. O tabaco, o álcool e as drogas envenenam as reservas vitais obstruindo os centros de força que as distribui pelo corpo físico, contaminando tudo por onde passa. A nicotina e o alcatrão, de forma mais atuante, corroem a própria matéria etérica, o que chamamos de energia vital, formando buracos semelhantes às bordas queimadas de um papel, facilitando assim os distúrbios que comprometem o equilíbrio psicofísico do ser humano.

– Meu Deus, quanta lástima!

– Demais, meu jovem Lucas, demais! Mas é importante lembrarmos que Deus não quer que não tenhamos momentos de diversão e alegria, até mesmo em família.

Mas esses momentos não devem ser regados com drogas e envoltos de atitudes negativas. Os encarnados podem assumir certos hábitos como beber um vinho com a esposa, tomar uma cerveja com os amigos, desde que não exagerem tanto na quantidade quanto na energia contida nos atos e nas conversas que geralmente essas atitudes trazem junto.

E devem saber ainda que, mesmo essa pouca quantidade, deverá ser compensada em atos de caridade benevolente e beneficente para com os irmãos, em muita oração e prece, para se redimirem e até mesmo para fazer com que os espíritos obsessores de baixa vibração não consigam sequer se aproximar.

– Bom, resumindo, podemos beber de forma social, desde que em pequenas quantidades e que o clima do momento seja rodeado de energias positivas, familiares, em torno da manutenção da paz no lar. Nada de colocar na bebida a culpa pelas vontades maléficas de trair o seu lar familiar, de trair os acordos de paz que você mesmo assinou quando contraiu um matrimônio, por exemplo.

– É bem por aí mesmo, viu Lucas. O duplo etéreo formado pelos laços energéticos por onde circula a energia vital funciona como um manto protetor.

É tipo uma tela eterizada que impede o contato com entidades maléficas do mundo espiritual, sabe? Essa tela de segurança atua como defesa contra investidas mais intensas destes espíritos mal intencionados. Daí o fumo, o álcool em excesso, a maconha e outras drogas bombardeiam essa mesma constituição etérica, criando verdadeiras brechas por onde penetram as investidas destes invasores, facilitando os processos obsessivos.

A ação do fumo, em especial, obstrui os canais energéticos com repercussão no sistema circulatório e nervoso por disfunção dos chacras.

– Pois é, Daniel, temos que pensar que, apesar do ato de fumar e beber, além do consumo de carne, serem atos socialmente aceitos, é muito importante sabermos todos os seus malefícios tanto para a saúde física como para o bem-estar espiritual.

– Sim, Lucas, mas lembre-se de que todos estão em evolução e, sendo assim, nenhum desses costumes de que falamos acima deve ser utilizado, pois todos eles são maléficos à saúde espiritual.

Daniel então convidou Lucas a retornarem ao gabinete, continuando a conversa na caminhada de volta.

– Vamos lá, Lucas, agora quero que você faça um comentário geral sobre o que entendeste a respeito do perispírito.

– Jura? Ok, vamos lá, aceito o desafio.

Após chegarem à grande sala de Daniel, alguns espíritos estão sentados à espera dos amigos.

– Boas tardes a todos!

– Boas tardes, Daniel!

– Quem são estes? – pergunta Lucas sem reconhecer nenhum daqueles que estão a esperá-los.

– Eles são nossos amigos, Lucas. Agora me conte o que tens aprendido com nossa conversa.

– Pois bem. A alma, ou espírito encarnado, seria o princípio inteligente onde reside o pensamento, a vontade e o senso moral de todos nós. O corpo, este mero envoltório material, esta vestimenta, é o que coloca o espírito em relação com o mundo exterior.

E o perispírito, sobre o qual tanto conversamos, é este invólucro fluídico que serve de intermediário entre o espírito e o corpo. E podemos então dizer que o conjunto formado pelo espírito, pelo perispírito e pelo corpo material constitui o que chamamos de homem. E a alma e o perispírito, separados do corpo, constituem o que chamamos de espírito, não é mesmo?

– Perfeita interpretação, meu jovem Lucas, perfeito! Assim sendo, podemos até mesmo dizer que a alma é um ser simples, o espírito um ser duplo e o homem, um ser triplo.

– É verdade, tens razão, Daniel. Não tinha parado para pensar desta forma.

– O mais importante disso tudo, meu querido aprendiz, é que o mundo espiritual guarda íntima ligação com o progresso moral que cada um realiza. À medida que evolui em sua moralidade, o perispírito gradativamente vai ficando mais leve e pode se movimentar em campos mais sutis, se conectar a esferas e espíritos mais evoluídos.

Nesse momento Daniel pediu a atenção de todos, e em três movimentos muito rápidos desenhou três balões, desses de aniversário, no ar: um azul, um verde e um branco.

Os três flutuaram no ar até que Daniel explicasse a Lucas que o espírito, conforme evoluía, se comportaria como balões com gases e densidades diferentes.

E então, afirmou que o branco continha gás hélio e de imediato este ficou mais leve, menos denso e, assim sendo, subiu mais alto que os demais. Em seguida, Daniel afirmou que o balão azul continha hidrogênio e logo ele ficou um pouco mais acima que o balão verde, mas ainda mais baixo que o mais alto dos três, o balão branco. E o próprio Lucas supôs que o balão verde provavelmente continha ar quente, o mais pesado e denso dos três.

– Muito bem, Lucas! Isso quer dizer que ao desencarnar, cada um de nós atinge uma altura do plano compatível com a densidade perispiritual, e o mesmo acontece com o espírito, que vai habitar de acordo com seu estado evolutivo. Lembrem-se, ambos caminham juntos.

– Entendi perfeitamente, Daniel. Melhor é impossível!

– Além de tudo, existe uma composição de pontos em nosso corpo físico onde ficam distribuídos os focos de energia vital. Você já deve ter ouvido falar dos chacras, não é mesmo?

– Ah, sim, claro. Se não me engano, são sete chacras os principais, não é mesmo? Desculpe-me, Daniel, mas como se deve cuidar desses pontos energéticos?

– Isso mesmo Lucas, são sete os chacras principais. E são esses que integram o ser encarnado. Lembre-se de que tudo é feito de energia. Os sentimentos, as ações, os atos e as atitudes sempre acabam por emitir algum tipo de energia.

Isso quer dizer que a harmonização para uma encarnação feliz precisa que cada um mantenha sempre uma atenção especial a cada um dos sete chacras. E só estarás cuidando bem desses pontos se o todo estiver interessado e disposto às modificações necessárias à sua evolução.

Daniel e Lucas são interrompidos por Marques que de prontidão logo oferece um copo com água ao jovem Lucas, e entrega um documento ao irmão Daniel contendo a sugestão de pauta que Rodrigo havia lhe passado para o encontro de direcionamento do trabalho nas casas espíritas.

Quando Marques se retira, Daniel recorre mais uma vez à enorme tela branca, agora desenhando sobre uma que fica na parede atrás de sua mesa. Em poucos movimentos, estrutura um desenho complexo para que Lucas compreenda melhor a posição e distribuição dos chacras no corpo físico.

– Entendi, Daniel. Sendo assim somos seres energéticos?

– Sim, somos todos energias, oriundas de uma única criação. Somos fluxos de energias constantes que rumam pelo Universo a evoluir e nos melhorarmos moralmente. Alguns se apresentam de cor mais ativa, outros de cores menos brilhantes devido às suas vibrações diárias e evolução moral, como já conversamos de forma aprofundada anteriormente.

– Sim, entendi, Daniel.

Elemento

Chacra Coronário — Todos
Glândula pinel ou epífise
Consciência do espírito

Chacra Frontal — Todos
Glândula hipófise
Intelecto (raciocínio),sentidos, visão

Chacra Laríngeo — Éter
Glândula tiróide
Comunicação

Chacra Cardíaco — Ar
Glândula timo
Sentimentos

Chacra Umbilical — Fogo
Glândula pâncreas
Emoções inferiores

Chacra Sexual — Água
Glândulas de reprodução
Troca sexual e alegria

Chacra Básico — Terra
Glândulas supra-renais
Absorção de energia telúrica

Seres Superiores

Mas Daniel, com tudo isso, quais seriam então os objetivos dos mentores espirituais com relação às doenças?

– Olha, Lucas, uma de nossas ações mais importantes vem sendo o trabalho de levar ao nível do conhecimento médico um vastíssimo campo de estudo, ampliando diagnósticos e introduzindo uma nova compreensão, para justificar a razão de todo o sofrimento que a doença traz.

Entretanto, não vamos nunca confundir as coisas de forma a competir de qualquer jeito que seja com qualquer especialidade médica. Isso, jamais.

Nosso papel primordial é o de iluminar e esclarecer para que cada criatura promova por si própria sua própria reeducação espiritual, promovendo a evolução moral necessária.

– Isto quer dizer que sem essa reforma íntima não vai ocorrer progresso nem cura, não é, Daniel? Nesse sentido, consigo enxergar as doenças como grandes lições que possuem um grande potencial de transformação que trazem oportunidades de renovação e crescimento espiritual para todos.

– É verdade, Lucas. Não podemos restringir a análise a apenas isso, mas certamente também passa por isso. Afinal, nós ensinamos que Deus é a inteligência suprema do Universo e que tudo que existe faz parte da Sua criação, não é mesmo? Cada um de nós é um espírito que está em processo de aprendizado que, necessariamente, vai levá-lo à perfeição. Isso tudo depois de um número que não podemos calcular de reencarnações.

– Entendo perfeitamente, irmão Daniel.

– Quando o corpo perece, a alma que o anima passa a viver no mundo espiritual onde estão todos os outros espíritos que nos precederam, entende? Esse mundo espiritual, conhecido também como mundos superiores, está em estreita ligação com o mundo material que você habitou enquanto estava encarnado.

E os espíritos que lá vivem exercem constantemente uma forte interferência em vossas vidas. Além do corpo físico, cada um de vós se serve de outro corpo de natureza intermediária entre a vossa realidade física e o mundo espiritual. Parece complicado, mas é bem simples e natural. É justamente o pensamento, esta força criadora proveniente do espírito, que o impulsiona.

~ 128 ~

– Olha, Daniel, mesmo conhecendo muito pouco de suas propriedades, já entendi que a energia mental que o pensamento coloca para fora exerce total influência no nosso corpo espiritual, modificando até mesmo a sua forma e sua aparência, além de conseguir, inclusive, alterar sua consistência.

– É por isso que afirmo a você, Lucas, que é no perispírito que reside a verdadeira causa de muitas doenças, e a medicina teria muito a ganhar quando compreendesse melhor essa natureza das enfermidades.

– Entendo. Cada um vive em sintonia com o ambiente espiritual que suas atitudes e seus desejos constroem para si próprio.

– E aqui vou revelar a você um dos motivos que estão nos levando a ter essa intensa conversa e troca de conhecimentos, meu jovem Lucas. Afinal, nada é por acaso, tudo tem uma explicação e um porquê no mundo espiritual.

– Meu Deus, o que você quer dizer com isso, Daniel?

– Quero dizer que a razão pela qual fui intuído pela nossa mentora Catarina de Alexandria a tratar com muito carinho sua chegada à colônia, e desde seu despertar de refazimento já começar a lhe passar estes ensinamentos, é que você reencarnará muito em breve como um humano

Colônia Espiritual Amor & Caridade

que se tornará um grande médico. E que trará dentro de si, cravados em seu ser inteligente, todos estes ensinamentos.

– Meu Deus, que grande honra essa missão! E que alegria poder saber disso antes! Posso me dedicar com ainda mais avidez. Mas, diga-me, Daniel: eu vou me recordar disso? De que sabia disso tudo que me ensinaste com tanto carinho?

– Não se lembrará com esses detalhes que imagina agora. Apenas sentirá tudo isso em sua alma de forma a contribuir para colocar a humanidade para dar mais um passo rumo à verdade absoluta. Você será atacado e desmoralizado, mas conseguirá com seu nome de respeito e sua história de um grande médico, ao menos colocar a comunidade científica para refletir sobre a causa das doenças.

E prevejo que muitos outros trabalhos de pesquisas acadêmico-científicas nascerão de sua atitude. Ou seja: sua missão não acaba com sua história. Ela perdurará e influenciará uma série de acontecimentos que, de fato, contribuirão para que a humanidade evolua nesse sentido.

– Não sei nem o que dizer, Daniel. Sinto-me profundamente lisonjeado por ter sido o escolhido pelos mundos superiores e pela nossa estimada Catarina, para uma missão desse tamanho e importância.

~ 130 ~

– Pois bem, vamos deixá-la feliz e satisfeita, prosseguindo com os ensinamentos que, agora você já sabe, lhe serão de extrema valia.

– Nossa, agora ficarei ainda mais atento e não deixarei escapar nada. Por exemplo, o que você pode me dizer, Daniel, a respeito dos diagnósticos das doenças?

– Pois bem, quase sempre aquele que busca em uma casa espírita alguma orientação para seus problemas ou sua doença, vai ouvir que seu caso é de "obsessão" ou, no mínimo, de "mediunidade" e que ele "precisa se desenvolver", não é mesmo? No meio médico costumam dizer que "só tem saúde aquele que ainda não foi examinado". Do ponto de vista espiritual, uma afirmação desse tipo também pode ser entendida como uma verdade, já que só aquele que não se propôs a examinar sua consciência poderia ousar contestar.

– É verdade, Daniel. As pessoas tendem a achar que não sofrem de mal algum, mas nem sequer buscam entender melhor suas próprias existências na Terra. Como podem aceitar que a vida se restringiria a apenas aquilo ali, a apenas uma vida, a apenas uma trajetória? É muito pouco, não é mesmo?

– Pouquíssimo, nobre Lucas, pouquíssimo. Pois então, para avaliarmos as doenças espirituais costumamos adotar algumas linhas bem comuns de diagnósticos.

Existem as doenças espirituais, as autoinduzidas, que poderiam ser divididas naquelas que são fruto de um desequilíbrio vibratório, e naquelas que são objeto de auto-obsessão. Depois, há as conhecidas como doenças espirituais compartilhadas, entre as quais estariam a própria obsessão, que já vimos hoje; e o vampirismo, que é um tipo de obsessão mais forte e, por assim dizer, sugadora, daí o nome.

Na sequência, podemos mencionar o próprio mediunismo como forma de desenvolvimento de sua relação com sua existência e com os planos espirituais e, por último, as doenças cármicas.

– Incrível, Daniel...

– Lembremos que o perispírito é um corpo intermediário que permite ao espírito encarnado exercer suas ações sobre o corpo físico, conforme vimos hoje. Então, sua ligação é feita célula a célula, atingindo a mais profunda intimidade com todos os átomos que constituem a matéria orgânica do corpo físico.

Essa ligação se processa por meio das vibrações que cada um dos dois corpos, o físico e o espiritual, emana e recebe, ou seja, troca com o universo e com outros espíritos. Podemos então compreender que este ajuste fino exige uma determinada sintonia vibratória.

– Daniel, me intriga muito como as pessoas perdem ainda muito do seu tempo e de seus dias com a crítica aos seus semelhantes. Isso sem falar no ódio e na maledicência, entre tantas outras atitudes levianas contra a vida e contra todo mundo. A atitude sublime de orar e vigiar ainda está muito distante da rotina terrena. Infelizmente, a tentação de enumerar os defeitos do próximo ainda é muito grande e muitos sucumbem.

– Pois é, Lucas, isso é muito triste. São esses os principais motivos que desajustam a sintonia entre o corpo físico e o perispírito. É essa desarmonia que desencadeia as costumeiras sensações de mal-estar, de estafa e fadiga. Está aí a enxaqueca, que o médico não consegue eliminar; a digestão, que nunca se acomoda direito; e tantas outras manifestações que são geralmente colocadas na mesma sacola como "doenças psicossomáticas". São tantos que procuram e recorrem aos médicos, mas muito poucos os que se dedicam realmente a uma reflexão sobre os prejuízos de suas atitudes mesquinhas.

– Daniel, com isso tudo, fiquei com uma dúvida. Quando você listou os tipos de doença, você mencionou uma chamada de auto-obsessão. Com essas atitudes é que pode se criar uma auto-obsessão? É isso?

– Meu jovem, o pensamento é uma energia esfuziante que constrói imagens que se consolidam em torno de todos, desenhando um "campo de representações" de nossas próprias ideias. À custa dos elementos absorvidos do fluido cósmico universal, as ideias tomam formas, sustentadas pela intensidade com que cada um pensa no que essa ideia propõe.

A matéria mental constrói em torno de todos os seres uma atmosfera psíquica, que alguns estudiosos chamam de psicosfera. É nesta atmosfera psíquica onde estão representados todos os desejos. E também anseios, benéficos e maléficos.

– Entendo. Imagino que é exatamente nestes cenários onde acabam se desenvolvendo os personagens que aprisionam o pensamento, tanto pelo amor, quanto pelo ódio, pelo bem ou pelo mal.

– Exato. Da mesma forma, os medos, as angústias, as mágoas não resolvidas, as ideias fixas, o desejo de vingança, as opiniões cristalizadas, os objetos de sedução, o poder ou os títulos cobiçados também se estruturam em torno desse corpo desarmado e vulnerável.

– Que lamentável... Imagino então que a partir daí esta pessoa torna- se prisioneira do próprio medo, dos fantasmas da própria angústia e da falsa ilusão dos prazeres terrenos ou do brilho ilusório, mas profundamente ludibriador das vaidades humanas.

– A mais pura realidade, Lucas. A matéria mental produz imagens ilusórias que escravizam o homem. Por capricho, acaba sendo obsediado pelos próprios desejos, sem nem sequer se dar conta disso, de forma ignorante. É importante lembrarmos que o mundo espiritual é povoado por uma população muito numerosa de espíritos.

Estamos falando de uma população cinco vezes maior que a população de bilhões de almas encarnadas na Terra. Como a maior parte dessa população de espíritos está habitando as proximidades dos ambientes terrestres, onde flui toda vida humana, não é de se estranhar que esses espíritos estejam compartilhando com eles todas as boas e más condutas do cotidiano terreno, infelizmente, por assim dizer.

– É verdade. Nunca tinha parado para pensar desta forma, Daniel.

– Pois é. E os humanos contam com esses espíritos mais próximos como guias e protetores que constantemente os inspiram, mas muitas vezes também os atraem para os vícios e os aprisionam pelo próprio prazer. Afinal, não é por acaso que vemos uma falange de milhões de homens e mulheres envolvidos com o álcool, cigarro, drogas ilícitas, soporíferos, desregramentos alimentares e abusos sexuais.

– Com o pouco que aprendi aqui já posso supor que

para todas essas situações as portas da invigilância estão escancaradas.

– Isso mesmo! E isso permite o acesso dessas entidades desencarnadas que passam a partilhar com a pessoa o elixir das satisfações mundanas da carne, meu jovem aprendiz. No decurso de cada encarnação, a misericórdia de Deus permite usufruir de muitas oportunidades para estimular o progresso espiritual. Muitas mesmo.

Os encarnados é que, muitas vezes, não se dão conta destas oportunidades que surgem a todo momento à sua volta. Os reencontros ou desencontros de almas são, de certa maneira, planejados ou até mesmo influenciados por atração de níveis vibratórios. Com isso, ocorre de grupos de espíritos conseguirem, juntos, efetuarem resgates de compromissos ou até para que cumpram as grandes promessas que tenham acordado no plano espiritual.

– Nossa, então é assim que pais e filhos, por exemplo, podem vir a se reencontrar como irmãos, como amigos ou até como parceiros de uma sociedade comum na atividade humana?

– Isso mesmo. Isso ocorre muito nos grupos conhecidos como corpo mediúnico, ou seja, grupos de pessoas que fazem o trabalho mediúnico de uma casa espírita. Muitos deles já foram parentes em outras vidas e se reencontram para evoluírem juntos.

– Imagino que isso ocorre para o bem, mas também ocorrem para o mal, não é, Daniel? Como tudo na vida tem sempre esses dois lados.

– É verdade, Lucas. Acontece também de um marido e uma mulher que se desrespeitavam muito agora terem a oportunidade de se reajustarem como pai e filha, chefe e subalterno ou até como parentes distantes que a vida dificulta a aproximação. Mães que desprezaram os filhos hoje passam de consultório em consultório numa peregrinação em que sofrem as dificuldades para terem a oportunidade e a graça de poderem ter novamente seus próprios filhos.

– Com isso entendo que as encarnações, de uma maneira ou de outra, vão reeducando a todos.

– Não apenas isso, Lucas. Como essa é a principal razão de uma encarnação, meu jovem, os obstáculos que à primeira vista parecem castigo ou punição, trazem no seu emaranhado de provas a possibilidade de recuperar os danos físicos ou morais que você mesmo pode ter produzido no passado. Com frequência, cada um ganha ou perde na grande batalha pela sobrevivência e existência humanas.

Nenhum espírito consegue percorrer esta jornada sem ter que tomar decisões, sem deixar de expressar seu desejo e sem fazer suas escolhas. O livre-arbítrio permite que cada um tome suas decisões, mas não quer dizer que

COLÔNIA ESPIRITUAL AMOR & CARIDADE

você não terá que lidar com as consequências, pois aí estaremos entrando no terreno de outra lei áurea, a lei da causa e efeito.

– E é por isso também que muitas e muitas vezes contrariam as decisões, os desejos e as escolhas daqueles que convivem próximo, para o bem e para o mal, não é, Daniel?

– Lucas, nos rastros dessas mazelas humanas, todos, sem exceção, estarão endividados e altamente comprometidos com outras criaturas que, agora, estão a cobrar outros comportamentos. Estão a exigir a quitação de dívidas que os furtaram em outras épocas e a persistirem no seu domínio, procurando dificultar a subida mais rápida para os mais elevados estágios da espiritualidade.

Embora a ciência médica de hoje ainda não traga em seus registros a obsessão espiritual, em que uma criatura exerce seu domínio sobre outra pela intuição mental, este é, de longe, o maior dos males da patologia humana hoje.

*"O mestre só se torna um verdadeiro mestre,
quando acolhe com amor o aprendiz."*

Rodrigo

Curar alguns, aliviar muitos, consolar a todos

Daniel, mas diante disso tudo que conversamos, como se pode então tratar as doenças espirituais?

– Antes de falarmos disso, é importante que você compreenda que essas e todas as outras manifestações de enfermidade não devem ser vistas como castigos ou punições.

Nós, os espíritos, ensinamos que essas e todas as outras dificuldades que enfrentam os homens são oportunidades de resgate e expiação. E, com enorme frequência, muitas vezes foram eles mesmos que as escolheram para acelerar o próprio progresso. Mais importante do que aceitar o sofrimento numa resignação passiva e pouco produtiva, faz-se necessário superar qualquer limitação ou revolta, para promover o crescimento espiritual por meio desta descoberta interior e individual.

– Compreendo, Daniel.

– Sobre a cura de doenças espirituais que você indagou há pouco, é importante, de início, afirmar que corrigir os problemas espirituais implica reeducar o espírito. Os tratamentos sintomáticos podem trazer um socorro imediato ou um alívio importante, mas sempre será algo transitório. Deve-se, acima de tudo, evoluir moralmente. Este é o passo inicial de qualquer tratamento espiritual.

– Lembro que já vi em muitos livros e até mesmo nas paredes das casas espíritas versos que trazem as mensagens *"curar alguns, aliviar muitos, consolar todos"*. Isso quer dizer que nem sempre é possível curar a todos, pois entendo que cada qual precisa também ser merecedor daquela cura, não é mesmo? E, no mínimo, pode-se aliviar um pouco aquele sofrimento, assim como sempre se pode consolar aquela pessoa, fazendo-a compreender melhor até mesmo o motivo pelo qual ela está passando por aquela dor.

– Exatamente isso, Lucas. Exatamente isso. Percorrer as casas espíritas em busca de alívio pelo passe magnético, pela água fluidificada magnetizada com os fluidos revitalizadores ou para desfrutar de alguns momentos de saudável harmonia com a espiritualidade, por meio das palestras, apenas repetem as buscas superficiais que a maioria das pessoas fazem em qualquer consultório médico ou recinto de cura de outras instituições religiosas que prometem curas rápidas.

Trabalhar para conhecer e tratar a doença espiritual exige uma reforma interior que demanda muito esforço, disciplina e dedicação moral. Nesse sentido o médico não está ali apenas para controlar a doença de quem o procura, mas também deve se comprometer em desempenhar o papel de orientador seguro, com atitudes condizentes com as que propõe ao paciente.

– Como você mesmo já disse antes, Daniel, a exigência número um neste tratamento deve ser, portanto, um novo código de conduta moral, que deve partir do compromisso de cada um consigo mesmo e com sua própria cura.

– E, caso reste alguma dúvida sobre o que significa um novo código de conduta moral, estou aqui justo para deixar tudo mais claro com os mesmos ensinamentos que foram enviados pelo codificador, Allan Kardec.

Os encarnados devem aprender a domar suas paixões animais. Devem aprender a não alimentar o ódio, nem a inveja, nem o ciúme extremo, nem o orgulho. Não devem se deixar dominar pelo egoísmo. Devem purificar-se, nutrindo bons sentimentos. Devem praticar o bem que gostariam que praticassem com eles. E não devem ligar-se às coisas deste mundo a importância que não merecem.

– Incrível, Daniel, como você conseguiu reduzir tanta coisa importante para toda a eternidade em apenas algumas frases.

– E, para os trabalhadores de casas espíritas, os queridos

e estimados corpos mediúnicos, deve-se, desde a sala de espera, criar um ambiente onde o paciente já começa a perceber que o nosso trabalho está comprometido com a espiritualidade.

Sem qualquer ostentação de misticismo vulgar ou crenças supersticiosas. O paciente deve receber claramente um convite para participar da reunião de estudo da doutrina espírita, onde estão os mais sublimes ensinamentos de nosso querido e amado irmão Jesus.

Ofereça outras mensagens que eles possam retirar e levar para uma leitura mais demorada, como livros e músicas.

Faça presente a existência de um "livro de preces" onde poderão ser colocados os nomes e os endereços para que sejam encaminhadas as vibrações positivas nos dias de sessão, que são sempre precedidas e encerradas com meditação e muita prece.

Os quadros de obsessão e outras patologias nos quais se supõem interferências mais graves de entidades espirituais devem ser obrigatoriamente referidos para as casas espíritas, que estão preparadas adequadamente para lidarem com esses dramas profundos.

– Caramba, Daniel, perfeitos os seus ensinamentos!

– Estamos sempre dispostos, na medida do possível, a

passar para todos os ensinamentos que os elevarão para as vidas futuras. Esse é o Deus do amor e da caridade que está sempre pronto para acolher Seus filhos.

– Daniel, fale-me mais sobre a Amor & Caridade; eu necessito retomar as lembranças – insiste Lucas ainda mais ansioso.

– Sim, Lucas, pode deixar. De uma maneira bem simples vou explicar a funcionalidade da nossa colônia, pois já falei um pouco sobre ela no começo de nossa conversa, mas vamos lá.

Em minha última encarnação missionária na Terra eu já estava sendo preparado para a Colônia Amor & Caridade. A Colônia das Flores vinha recebendo, a cada ano, um número cada vez maior de pacientes que geneticamente vinham atingindo, inclusive, um número maior de crianças. Estava cada vez mais latente a necessidade de ampliação da Colônia das Flores. Assim, foi criada a Colônia Amor & Caridade, que funciona em uma parte da colônia que, embora muito próximas uma da outra, são administradas por mentores diferentes.

– Mas Daniel, por que o câncer vem se proliferando com tamanha intensidade?

– Saiba Lucas, que as células que constituem os animais são formadas por três partes: a membrana celular, que é a parte mais externa da célula; o citoplasma, que constitui o corpo da célula; e o núcleo, que contém os cromossomos que, por sua vez, são compostos de genes.

Os genes são como arquivos que guardam e fornecem instruções para a organização das estruturas, formas e atividades das células no organismo. Toda a informação genética encontra-se inscrita nesses genes em uma forma de memória conhecida como DNA. E é por meio do DNA que os cromossomos passam as informações para o funcionamento da célula. Uma célula normal pode sofrer alterações no DNA dos genes. É o que chamamos de mutação genética.

– Entendi. E essas células cujo material genético foi alterado passam a receber instruções erradas para as suas atividades, não é?

– Isso mesmo. As alterações podem ocorrer em genes especiais e causam essa malignização, ou cancerização, das células normais. Essas células diferentes são denominadas cancerosas. Isto se dá pelos desajustes da forma humana e evolução, necessários ao corpo físico que, também como os espíritos, estão em forma constante de evolução.

Acontece que o corpo perispiritual em desajuste com a evolução, muitas vezes, nem mesmo é atendido nas colônias. Assim sendo, volta à forma física de maneira desestruturada e incapaz de acompanhar a evolução.

– Mas como assim? Nem todos são atendidos nas colônias?! – perguntou Lucas, muito surpreso.

– Só são recebidos nas colônias aqueles cuja misericórdia divina os atinge por merecimento, ou aqueles que por afinidade estão ligados a nós por orações sinceras e pela necessidade de pequenos ajustes, além das crianças que são inocentes e precisam ser acolhidas.

– Como assim, Daniel? – indaga Lucas ainda mais surpreso e preocupado.

– Deus, em Sua perfeição, dá a todos de Sua criação oportunidades diárias de evolução. Infelizmente, muitos não ouvem a voz que dentro de si clama pelo amor e se afastam da misericórdia. Ficam então vulneráveis e sem auxílio dos bons espíritos.

Lembre-se sempre, Lucas: cada um tem o livre-arbítrio para escolher seu caminho, mas ao final, todos serão aco-lhidos, de uma forma ou de outra, todos terão a oportuni-dade de acompanhar a evolução. Lembre-se sempre: Deus é justo e bom. Jamais castiga Seus filhos.

– Compreendo, Daniel.

– Lucas, Amor & Caridade oferece vários tipos de tra-tamento para aqueles que recebemos ou que resgatamos. Nosso tratamento básico consiste na conscientização da vida eterna e no refazimento do perispírito, preparando-o para encarnações futuras que são feitas em outras colônias. Por meio do sono, da recuperação e terapias, conseguimos acalmá-los e orientá-los a seguir em frente.

– Mas todos aceitam o tratamento, irmão Daniel?

– Sim, todos os que possuem permissão para entrar em Amor & Caridade reconhecem seu estado e buscam sua evolução seguindo adiante. Só vêm para cá aqueles que já estão preparados para vir para cá. É assim que funciona.

– Mas então o que os encarnados podem fazer para não serem atingidos por essa doença terrível?

– Basta que leiam atentamente estas linhas e busquem servir sempre. Lembre-se: só o amor verdadeiro e a caridade sincera, aquela que sai de dentro de sua alma, tornam cada um apto a seguir para a perfeição, pois esse é o desejo do Criador. Querendo ou não, um dia, todos terão que seguir adiante; nada volta, tudo segue em frente.

– Nossa, Daniel! Eu quero muito lhe agradecer por essas palavras e por todos estes ensinamentos.

– Não precisa me agradecer, Lucas. Nós, espíritos de luz, estamos a serviço da humanidade. Nosso maior compromisso é com a verdade e com a evolução. Para isso, estamos aqui, faça assim: agradeça amando, trabalhando, esperando e perdoando.

Fuja sempre que possível, nunca sem antes tentar ajudar, das coisas pequenas desse mundo, das coisas que podem parecer verdadeiras, mas que no fundo escondem interesses e desonestidade. Fuja dos maus espíritas, aqueles que, por vaidade ou capricho, enganam pessoas de bem que estão desesperadas em busca de uma palavra amiga e de conforto espiritual.

Nunca aceite opiniões de espíritas que não praticam a verdadeira caridade, aquela que acolhe, conforta e auxilia sem interesses, sem patrimônios e sem vaidades. O bom servidor serve sem questionar, sem envaidecer-se e sem deixar de praticar todos os dias o amor. Serve e confia. O maior ensinamento que podes receber é aquele que diz que você nunca terá razão e que a razão está sempre nas palavras e no evangelho de Cristo.

Nesse momento, Lucas percebe que as palavras de Daniel estão sendo transmitidas por meio de diversos telões espalhados por toda a colônia a todos os espíritos que, junto com ele, estão em Amor & Caridade.

Catarina, a mentora espiritual da colônia, tinha providenciado esse encontro e aproveitou grande parte das palavras de Daniel, principalmente as finais, para que todos os operários e pacientes da colônia ouvissem estes valiosos ensinamentos.

Nina, Felipe, Marques, Lucas, Rodrigo, Dra. Patrícia, Dra. Sheila e alguns outros mais entraram na sala principal para parabenizar Daniel pelos excelentes ensinamentos. Daniel, feliz, retribui os sorrisos de forma habitual, sempre sereno e fraterno. Todos parabenizam Lucas pela oportunidade de evolução e pela notícia que seguirá de volta ao plano material na forma de um médico missionário a serviço da doutrina.

Nina então abraça Daniel e gentilmente faz-lhe um convite:

– Daniel, estamos profundamente felizes por pertencer a tão nobre missão. Gostaríamos de aproveitar esta oportunidade para pedir a você que nos fale ainda um pouco mais sobre os planos superiores em nosso estado evolutivo atual.

– Com prazer, Nina. Mas antes venham todos sentar e se acomodar no auditório central. Ficarão mais confortáveis lá do que aqui em meu gabinete.

Todos se dirigem ao auditório central que fica ao lado do gabinete da direção. Os espíritos se acomodam um a um na ampla sala e atenciosamente começam ao ouvir os ensinamentos de Daniel, que abriu a fala com grande inspiração e um sorriso cativante no rosto.

– Eu proponho o seguinte: vamos aproveitar que esta leitura irá atingir um grande número de pessoas e espíritos e vamos falar da formulação das colônias e de todas as esferas espirituais, incluindo as densas e baixas. O que vocês acham?

Todos concordam prontamente. Uns com palavras, outros com movimentos afirmativos de cabeça e mãos ergui-
das e sorrisos nos rosto.

– Ótimo, Daniel, vamos sim.

– Então, segurem-se nas poltronas e vamos lá.

Mundos Superiores

Quando Jesus disse: *Não se turbe o vosso coração. Credes em Deus. Credes também em mim. Há muitas moradas na casa de meu Pai. Se assim não fosse, eu já teria dito isso a vocês. Pois me vou para preparar o lugar de vocês. E depois que eu tiver partido e que houver preparado o lugar de vocês, voltarei e convocarei cada um, a fim de que onde eu estiver também vocês aí estejam.*

– Este é o princípio da pluralidade dos mundos habitados, meus jovens amigos. No plano espiritual há diferentes faixas vibratórias. As muitas colônias espirituais existem justamente porque os espíritos afins como nós, no mesmo nível evolutivo, se agrupam e formam verdadeiras sociedades organizadas. Aqui, no plano espiritual, existem muitas semelhanças com a Terra. Temos casas, templos, jardins, bosques, montanhas, rios cristalinos, vegetais e animais. Logicamente, não se trata da mesma matéria do plano físico. É uma matéria espiritual fluídica, mais sutil, como todos sabem. É o que chamamos de matéria astral ou matéria extrafísica, entendem?

Todos afirmaram que sim com as cabeças. Daniel então prosseguiu:

– O plano espiritual, pode-se dizer, é uma cópia, muito mais perfeita, do plano físico. Quero dizer, ou melhor, dizendo, o plano físico é como um esboço do plano espiritual, sendo este último uma espécie de "Terra Aperfeiçoada".

Por mais que evoluam através dos tempos, o plano físico, o planeta e sua matéria, além de tudo mais, jamais chegarão a ser iguais à matéria dos planos espirituais, pois esta é formada por uma substância conhecida como matéria astral que é ideoplástica. E esta substância é manipulada e modelada pelo pensamento e pelo sentimento, pela razão e pelo amor.

Nesse momento, Nina levantou o braço e pediu para tirar uma dúvida, e teve imediatamente concedida a ela a palavra pelo irmão Daniel.

– Irmão Daniel, essa similaridade, em alguns pontos, com o plano físico seria necessária para que o espírito possa se acostumar e se adaptar mais rapidamente a essa nova jornada que se inicia em sua existência?

– Muito bem, Nina, é exatamente isso. Pois bem, os espíritos desencarnados, assim como os humanos, também têm suas ocupações. E elas também são as mais variadas possíveis. Eles trabalham de forma incessante e incansável em todas as áreas e departamentos das colônias como vocês sabem muito bem, não é mesmo? Nas cidades espirituais há toda uma administração organizada, como aqui em Amor & Caridade, que vocês conhecem perfeitamente.

Há seres que cuidam de todos os setores da vida nas comunidades espirituais, mantendo a vida em perfeita concordância com os princípios de Cristo, inclusive para garantirem a evolução de todos.

– E, sendo assim, sabemos que os espíritos mais evoluídos nas colônias têm funções mais elevadas com condições de dirigirem e orientarem, sempre para o bem comum, a vida de todos, não é mesmo? – indaga Lucas demonstrando seu conhecimento evoluindo a olhos nus.

– Isso mesmo, Lucas. Como vocês sabem, em todas as colônias existem o governador espiritual, chefe maior da colônia, seus ministros, direção, corpo médico, auxiliares e assim por diante. Porém, não há um padrão muito centrado entre as cidades espirituais, que podem se organizar de forma completamente diferente umas das outras.

– Daniel, então são as colônias que cuidam de todos os seres do plano físico e também dos mais diversos aspectos que compõem a vida humana, desde os mais simples aos mais complexos? – comentou Felipe, indagando Daniel para confirmar sua afirmação.

– Isso mesmo, Felipe. E também são elas que supervisionam, dirigem e orientam, da melhor forma possível, todos os governos, de todos os países do nosso mundo. As colônias espirituais situam-se nos diversos céus do planeta Terra, ou seja, nos espaços astrais e extrafísicos acima do planeta.

– Mas Daniel, o que foi criado primeiro: o plano físico ou o plano espiritual?

– Meu querido Lucas, em todos os planetas foram criados primeiro os planos astrais superiores e somente depois o físico, pois a energia vai passando por um processo muito lento de condensação, devidamente orientado pelos espíritos superiores, para que estes planos coexistam de forma harmônica. Tudo foi feito aos poucos, depois de um longo período de tempo. Tudo sempre do alto para baixo. Lentamente dos planos superiores até chegarem ao plano material.

– Mas Daniel, como todos esses planos maiores e menores foram formados? – indagou uma inquieta Nina.

– De que substância? – completou Felipe, também repleto de anseios esclarecedores.

– E de onde vieram essas substâncias? – arrematou Lucas com mais curiosidade ainda.

Daniel, sorrindo, procurou acalmá-los.

– Meus jovens, tenham paciência. Vocês terão acesso a todo conhecimento que desejarem. Está tudo à disposição de vocês e de seus anseios mais profundos. Pois bem, é importante esclarecer que a matéria física, que existe no plano físico, é diferente da matéria astral, que existe no plano astral, que é diferente da matéria mental, que existe no plano mental. Isso todos nós já compreendemos, não é mesmo?

E, em coro, todos afirmam que sim.

– Pois então. Cada uma delas é diferente na sua natureza vibratória também. As superiores são muitos mais sutis, rarefeitas, resplandecentes, puras, do que as matérias inferiores. Cabe dizer, no entanto, que todas elas derivaram da energia primordial, do fluido cósmico universal. E pela vontade de Deus, que reina de forma soberana em todos os lugares, por meio de Seus intermediários, foi captado o pensamento divino e então utilizaram esse imenso potencial pensante, transformando-o em bilhões de partículas divinas, o que viria a ser chamado atualmente de princípio consciencial ou princípio espiritual. Assim, tudo foi criado.

– Uau! – afirmou de forma extasiada um encantado Lucas.

Todos estão muito atentos às explicações de Daniel, que segue comentando mais detalhes:

– Então, este princípio consciencial existe desde antes da criação material do planeta Terra, entenderam? Após a formação do planeta, pela evolução das eras, este princípio espiritual foi se desenvolvendo pelos reinos minerais, vegetal, animal e humano, pois assim está escrito: *"A alma dorme na pedra, sonha na planta, move-se no animal e desperta no homem".*

– Daniel, é possível que tenham existido alguns outros seres que evoluíram em outros planetas, mas que depois vieram para este mundo, por meio do processo de reen-carnação?

– Totalmente possível, Felipe. Isso ocorreu em grande escala, para falar a verdade. Não vemos, nem poderíamos ver dualidade total entre espírito e matéria, pois um precisa do outro, e ambos caminharam juntos, lado a lado, no surgimento da vida, por centenas de milhões de anos, na maravilhosa existência.

– Incrível... Estou estupefato – completou Felipe, provocando a risada de todos.

Daniel prosseguiu:

– Durante os diferentes ciclos evolutivos, o princípio consciencial, ou seja, da consciência, se desenvolveu. E foi se formando, aos poucos e muito lentamente, tudo aquilo que faz parte do seu real ser. É desta forma que se ampliou o campo energético vital e que foram conquistados peque-nos chacras, em sua fase inicial de desenvolvimento, que seriam ampliados no futuro. O princípio espiritual então se desdobrou entre os espongiários, os celenterados, os equinodermos e crustáceos, os anfíbios, répteis, os peixes e as aves, até chegar aos mamíferos.

– Mas Daniel, esse processo se deu em quanto tempo?

– Olha, Lucas, todos sabem que no plano espiritual não consideramos ou lidamos com a variável tempo, ou ao menos não como os humanos o fazem no plano material. Mas apenas para vocês vislumbrarem, estamos falando de mais de um bilhão de anos para que todo esse caminho fosse percorrido.

– Nossa, é muito tempo, creio eu.

– Em termos espirituais não é muita coisa não. Mas o mais importante nessa história toda não é nos prendermos ao tempo que isso tudo levou, mas sim nos atermos à representatividade disso tudo. Estamos diante da prova de que todos nós vivemos em constante e eterna evolução.

Cada vez mais conquistamos partes maiores do nosso próprio ser. Existe em cada um de nós, nos diferentes corpos, em diferentes aspectos que compõem o ser humano, um "barro" que precisa ser modelado por nós mesmos, para transformarmos essa simples argila em uma escultura divina, onde o Criador reconhecerá em nós Sua imensa Beleza, Grandeza e Majestade.

– Lindo, Daniel – comentou Nina, que complementou – é de conhecimento comum que nós, espíritos, passamos por um longo processo de reencarnações sucessivas, inclusive em diferentes planetas. Mas como isso se dá?

– Olha, Nina, o que posso dizer aqui sem me alongar muito, é que o espírito que migrou para um novo mundo fica um tempo nesse novo astral, aprendendo sobre a vida neste diferente berço planetário, até que seja conduzido a nascer, viver e cooperar com a evolução do planeta e de todos os seus seres.

– Maravilhoso! – afirmou Nina.

(Risos...)

– Obrigado, minha querida Nina, mas tenho mais algumas coisas muito importantes que preciso partilhar com vocês.

– Vamos em frente, Daniel – diz Felipe.

– É importante que vocês tenham em mente que as colônias não vivem apenas para si. Elas doam, em todos os sentidos, tudo o que puderem ceder para que o plano material e o plano espiritual brilhem ainda mais na imensidão celeste e sejam como uma joia refletindo a infinita glória da Criação do Grande Arquiteto do Universo.

– Sensacional! – exclamou Felipe.

– Existem ainda, nos planos espirituais, em diferentes faixas vibratórias, diversos planos de existências, inferiores e superiores. Basicamente, podemos dividir em três essas regiões: O plano astral inferior, o plano astral mediano e o plano astral superior.

– E onde nós estamos, irmão Daniel? – perguntou Lucas.

– No plano astral superior, Lucas.

– E a respeito das outras regiões mais inferiores, você vai nos contar um pouco sobre elas também?

– Sim, vamos lá. Posso falar então do Umbral e suas divisões.

– Por favor – diz Dra. Sheila.

"Nosso sofrimento está condicionado ao nosso jeito de viver."

Osmar Barbosa

Profundezas do Umbral

Meus queridos jovens aprendizes e doutores, o Umbral, que Nina e Felipe conheceram tão bem, é uma região espiritual atrasada, escura, sombria, situando-se em planos vibratórios mais densos e macabros, próximos à crosta terrestre, como todos vocês que estão aqui já tiveram a oportunidade de conhecer de uma forma ou de outra. Lá, se encontram cidades, lugarejos e becos fétidos nos quais convivem espíritos com o mesmo padrão vibratório negativo e baixo.

– Mas Daniel, o Umbral é tipo uma grande colônia espiritual, só que do mal?

– Não, Lucas, não existe apenas um local chamado Umbral, mas sim, muitas, inúmeras, incontáveis colônias extrafísicas atrasadas ou colônias espirituais umbralinas, desorganizadas, onde não há disciplina, nem ordem; existem também planetas que ainda estão muito abaixo das vibrações terrenas.

Posso dizer, sem aprofundarmos no assunto, que existe, sim, uma espécie de "ordem contrária", ou seja, o domínio de seres inferiores, negativos, porém inteligentes, sobre os seres em geral.

– Nossa, mas isso é profundamente assustador.

– Mas calma, Nina, jamais o Arquiteto nos deixaria desemparados.

Há sempre um telhado, e tudo está sob a supervisão do Alto. Porém, por determinação superior e pela Lei Maior, tudo permanecerá assim até que, por Ordem do Alto, tudo isso se encerre definitivamente, "dando a Deus o que é de Deus, e ao homem, o que é do homem". Lembrem-se: causa e efeito. Ação e reação.

O Umbral, em uma comparação mais simples, é o purgatório, onde incontáveis espíritos permanecem por um período de sofrimentos, de intensidade variada, segundo a lei de causa e efeito como falei acima. Isso acontece porque suas vibrações são tão densas que não conseguem subir mais e ficam ali estacionadas. É como vimos no exemplo dos balões, lembra-se, Lucas?

– Lembro sim, Daniel. É como se as pessoas que ficam no Umbral não conseguissem subir justamente porque estão repletas de ar pesado, de vibrações negativas. Só quando conseguem se purificar com preces e arrependimento, que trocam de ar e assumem densidades mais leves, conseguindo subir, não é mesmo?

– Exatamente, Lucas! Para se purificar em seu interior precisam retificar seus pensamentos e sentimentos, repensarem sua última existência carnal e drenarem para fora do seu perispírito toda carga pesada que estiver nele.

– Imagino que esses sofrimentos inicialmente venham do interior do próprio espírito, pelas inúmeras falhas durante o transcurso da vida terrena, não é mesmo, Daniel? – complementou Felipe.

– É verdade. Às vezes acontece o caso de, em vez de resgatar as dívidas de vidas e existências pretéritas durante o período em que estava encarnado, o espírito acumula mais dívidas para existências futuras.

Por isso é inteligente da parte de todos se esforçarem, e muito, para se aperfeiçoar cada vez mais, dia após dia, polindo os aspectos negativos do ser que precisam e podem ser corrigidos.

É preciso repensar e mudar as atitudes e comportamentos. Isso tudo para conseguir resgatar os débitos de vidas pretéritas e existenciais, acumulando os méritos para existências futuras e melhores.

– É de fato impressionante.

– Demais, não é, Felipe? Pois é. Conforme expliquei acima, outros tipos de sofrimentos são externos, ou seja, do lugar onde o espírito passa a viver temporariamente, como a paisagem sombria, mergulhada nas trevas ou em nuvens cinzentas e escuras a cobrir todo o lugar; e todo tipo de flora e fauna que realmente existem nestas regiões sombrias. Por exemplo, árvores secas, vegetação pegajosa, e, inclusive, animais um tanto exóticos, que nem existem na Terra, de natureza repugnante e inferior; atmosfera mental e emocional carregada, além dos gritos de multidões de seres que parecem não encontrar um fim para suas dores.

– Poxa Daniel, como é bom ouvir suas palavras!

– Obrigado, Nina.

– Mas vamos prosseguir.

– Por favor, claro!

– Existe também um lugar pior e ainda mais inferior que o Umbral, conhecido como trevas. O Umbral está ligado à Terra, pois tudo que a humanidade emite por meio de ondas mentais, ou seja, por meio de pensamentos pesados, carregados de ódio e raiva, envolve inicialmente o próprio planeta.

Mas depois é projetado para fora dele, até os limites dessas cidades espirituais inferiores, atingindo principalmente as regiões espirituais mais próximas. Por tudo o que falei acima, pelo fato de o homem terreno influenciar, irradiar cargas pesadas, em forma de pensamentos e sentimentos negativos aos planos inferiores, é que se ligam aos seres humanos espíritos negativos, por uma afinidade energética recíproca, pois os semelhantes se atraem.

– Incrível...

– Outro motivo é que pelo fato de o homem "sujar" energeticamente os planos inferiores, com energias deletérias, é permitida a influência desses seres espirituais "umbralinos", podendo atuar e "sujar" a Terra e a vida dos humanos que se ligam a eles, por suas próprias atitudes, comportamentos, pensamentos e sentimentos. Portanto, é melhor ligar-se somente aos seres espirituais de luz, pois só eles podem ajudar.

– Mas Daniel, pela lei do livre-arbítrio eu imagino que essa seja uma escolha de cada espírito, encarnado ou desencarnado.

– Isso mesmo, Lucas. É mais do que sabido que, quem vive com luz, vê seus caminhos claros, luminosos. E sua vida anda para frente. Quem se agarra à escuridão, não enxerga nada, só faz cair em buracos e se afunda neles.

É importante esclarecer que, mesmo diante do quadro acima apresentado, existem regiões ainda inferiores, descendo mais, mais e mais, onde o domínio sobre o ser imortal é cada vez maior. O ser se afasta cada vez mais da sua real natureza iluminada, como filho de Deus que é, e aos poucos vai perdendo partes superiores do seu próprio ser.

– Nossa, deve ser terrível.

– É, de fato, tenebroso. E por isso repito a vocês para que

não restem dúvidas: quem se liga por vontade própria à luz, por ela é envolvido e ajudado. Quem se liga à escuridão, por ela será dominado, todas as partes do seu ser, desde a parte espiritual, mental, emocional, até mesmo o controle de sua vida física, que foge às suas mãos.

– Está mais do que entendido, Daniel – comentou Nina, e todos consentiram com um movimento afirmativo de cabeça.

– Mas também é preciso esclarecer que existem postos de socorro perto dessas regiões sombrias, com toda segurança espiritual e magnética necessária. Lembrem-se, Deus é amor, é compaixão, é misericórdia. Alguns espíritos sublimes que descem a essas regiões astrais inferiores socorrem aqueles que já clamam por socorro, misericórdia, enfim, por aqueles que buscam o perdão e o amor de Deus. Esses amigos que sofrem nessas regiões estão lá por determinação superior; claro, não por ordens de Deus, que não pune seus filhos, mas sim pelas ordens de sentimentos próprios que durante muitas encarnações se comprazerão com essas energias ou para diminuir a dor da última existência ou de centenas de vidas pelas costas.

– Mas Daniel, e as trevas que você comentou há pouco?

– Pois sim, Felipe, existe também um lugar pior e inferior ao Umbral, que são as trevas que estão situadas abaixo da crosta terrestre. Não vou entrar em muitos detalhes por causa do avançado do nosso tempo, pois logo terei que seguir para o encontro com o cigano Rodrigo, que creio já deve estar me aguardando.

Mas cabe salientar que muitos assassinos violentos, marginais e criminosos de todas as naturezas ficam nessas regiões por longos e penosos períodos, até voltarem seu espírito ao autor da vida, com profundidade, respeito e, principalmente, humildade no coração.

Em muitos lugares do plano espiritual inferior existem verdadeiras e grandes prisões espirituais, com grades astrais, onde ficam os espíritos trevosos e perversos. Cabe esclarecer que essas grades são para os espíritos que lá estão confinados tão materiais quanto seriam as grades para os criminosos da Terra, ou seja, são intransponíveis.

– E aquilo que conhecemos como Vale dos Suicidas, Daniel?

– É para onde os suicidas geralmente são conduzidos logo depois de cometerem um auto assassinato, Lucas.

É um lugar de grandes sofrimentos, pois o suicida percebe que a vida continua, ao contrário do que poderia ter imaginado quando decidiu finalizar a própria existência. Lembra-se de seus familiares que tanto o estimavam e o amavam.

Dá-se conta de que jogou tudo fora, e que não tem mais como voltar atrás.

Pesa-lhe imensamente a consciência com terríveis remorsos.

Existem alguns casos ainda de pessoas que, quando encarnadas, conheciam sobre o mundo espiritual, os diversos estudos sobre o espírito, as comunicações mediúnicas da existência de uma vida melhor e superior e mesmo assim se matam. Matam-se justamente por isso, porque esperam encontrar uma vida melhor.

– Ué, mas será que vão ter?

– De forma alguma. Quando eles desencarnam nesta situação geralmente vão para lugares onde existem entidades afins, que fizeram coisas semelhantes com seu próprio ser. É necessário mostrar a todos algumas consequências desse ato terrível.

O espírito que cometeu o suicídio vai ficar um tempo no astral inferior para resgates e reajustes, ao mesmo tempo para drenar para fora do seu perispírito a carga espiritual tóxica e nociva que carregava no seu envoltório espiritual, purgando-o aos poucos, para ir eliminando o mal.

Posteriormente, vai ter uma reencarnação para resgate, geralmente dolorosa, para a devida expiação e reparo espiritual. Como já vimos, pode ocorrer de o espírito que se suicidou com um tiro no coração retornar como um encarnado com graves problemas cardíacos para superar.

– Meu Deus, impressionante como tudo tem certa lógica, tudo tem uma causa, nada é por acaso.

– Exatamente, Lucas. É nessas qualidades que reside a doutrina que foi devidamente codificada por Allan Kardec.

Vale lembrar sempre que todas as coisas no Universo são reguladas e mantidas em equilíbrio por Leis Divinas, sábias leis, que mantêm em harmonia tudo que existe na criação.

– E a infração dessas leis causa irremediavelmente um desequilíbrio que naturalmente irá requerer uma situação que compense tudo isso, não é mesmo, Daniel? – perguntou Nina.

– É, quem não se ajuda e nada contra a correnteza, certamente terá a vida ainda mais complicada – complementou Felipe.

– Querido Daniel, estou com o coração partido pelos suicidas – disse uma Nina profundamente emocionada.

– Não fique assim, Nina. Ainda hoje podemos nos reunir e orar para esses irmãos com toda nossa fé e esperança.

– Faremos assim – complementou Marques.

– Vamos aprender mais um pouco – emendou Daniel,

prosseguindo – no caso do suicídio, esse gesto além de ter prejudicado, por completo, a vida recém-finalizada, pode prejudicar também várias vidas futuras na matéria, ou seja, não repercute apenas na vida posterior ao suicídio, pode repercutir também em outras tantas, "dependendo do impacto causado na onda com a força da pedra", até que a harmonia volte a reinar no interior do ser em consonância com as Leis de Deus, até que o homem volte a caminhar respeitando essas Leis, sendo beneficiado por elas, e não as infringindo, causando mal para si próprio.

A vida do homem na Terra é o reflexo de uma série de fatores espirituais. É necessário e indispensável ter um grande apego e apreço enorme pela vida. A vida tem muito valor. Ela é valiosíssima.

– É mesmo. É uma grande oportunidade que deve ser aproveitada a cada segundo para construir a felicidade e a de todos os irmãos.

– Isso mesmo, Nina. Tem gente que espera morrer, sem realizar nada, sem ao menos tentar. A sorte, a felicidade, o bem-estar, estão à disposição de todos que se esforçam em lutar.

– Para o preguiçoso e o comodista tudo parece dar errado. Os encarnados em geral querem tudo com facilidade.

– Pois é, Lucas, as facilidades, as ilusões, o desvio e não

cumprimento do dever da boa lei, a falta de hombridade de caráter, moral e bons costumes afastam todos do caminho.

– O caminho é maravilhoso para quem contribui se ajudando, e assim sendo ajudado pela correnteza da vida que corre a seu favor – constatou Lucas.

– Por isso usamos o termo "Amor Divino", pois o amor de Deus, o Criador, não castiga, mas reconhece as falhas humanas, que precisam ser corrigidas, para cada um construir sua própria felicidade.

Então, para o bem de todos, para a felicidade tão próxima de cada espírito, é necessário transformar o chumbo humano em ouro puro espiritual, por meio da alquimia divina efetuada pelo próprio ser.

Isso é feito em muitas reencarnações, em muitos renascimentos, por meio de esforços constantes de progresso. Portanto, concluo dizendo: o amor de Deus corrige para a felicidade imediata e futura dos seus filhos; nunca, jamais, castiga ou pune.

Deus é o Supremo Amor que sustenta a vida, e o amor é este intenso elo comum entre todos os seres viventes.

O amor é a palavra da vida, o idioma universal entre tudo que está vivo, seja no mundo encarnado, seja no mundo espiritual.

– O amor, então, é o mais soberano dos sentimentos, não é mesmo, Daniel?

– Isso mesmo, Nina. Até atingir esses altos estágios evolutivos são necessárias muitas vidas em corpos físicos. Muitas e muitas encarnações. São necessários muitos períodos intermissivos, que é como chamamos este intervalo entre as vidas no plano espiritual utilizando o corpo astral--espiritual, até desativarem-se, por completo, todos os corpos para viver, então, apenas com o corpo mental.

– Daniel, com o lançamento do livro *Nosso Lar*, passou--se a ter uma ideia muito mais precisa do que acontece nesse outro mundo. Tomou-se ali o conhecimento das colônias espirituais, assim como agora, que você está nos trazendo informações valiosas para os estudos da doutrina espírita.

– Isso mesmo, Lucas. O livro veio revelar a existência de cidades ou colônias espirituais, sendo Nosso Lar uma delas. E descreveu o meio ambiente e as atividades ali executadas, desde a vida social, passando pelas casas, escolas e jardins, até aos hospitais, campos, rios.

Agora estou trazendo para vocês, que desejam aprender ainda mais, que o mundo espiritual está dividido em diversas faixas ou esferas vibratórias, que têm por centro geométrico a Terra. Quanto mais afastada da superfície terrestre estiver a faixa, mais pura e límpida será a sua atmosfera.

– Nós realmente queremos aprender ainda mais – reforçaram Lucas e Nina quase ao mesmo tempo.

– Pois bem. Os espíritos com mais luz, os mais evoluídos, vivem nas esferas mais afastadas, também chamadas superiores, embora se desloquem com frequência às faixas que ficam abaixo, as esferas inferiores, para prestarem ajuda e esclarecimentos.

Chamo a atenção de todos para o fato de não ser possível aos espíritos que habitam as faixas inferiores passarem para as superiores, a não ser que estejam acompanhados por algum de nós em missão de ajuda e resgate. Como todos vocês conhecem.

Assim sendo, estamos fornecendo aqui algumas informações importantes sobre a vida nas três primeiras esferas espirituais, ou seja, nas que ficam mais perto da Terra, sendo ainda para alguns completamente desconhecidos os modos de vida nas faixas ainda mais superiores.

As faixas vibratórias são constituídas por inúmeras cidades, umas maiores, outras menores, e os seus respectivos habitantes têm que estar em um nível de evolução parecido com elas.

– Nossa! Muito obrigada, irmão Daniel, pelos ensinamentos – diz Nina.

– Isso é parte de nossa tarefa, meninos e meninas.

– Daniel, você poderia nos falar um pouco sobre o processo de reencarnação?

– Sim, com certeza, Lucas.

Reencarnação e Evolução Espiritual

A reencarnação é o processo pelo qual o espírito, estruturado em um corpo físico, retorna periodicamente ao plano material. É, sem dúvida, a maior das infinitas misericórdias de Deus para com Seus filhos.

– E qual o principal objetivo deste processo, Daniel?

– Este processo tem como objetivo propiciar uma vivência de conhecimentos, auxiliando o espírito reencarnante a evoluir, Lucas.

O reencarne obedece a um princípio de identidade de frequências, ou seja, o espírito reencarna em um determinado continente, em um determinado país, em uma determinada região desse país, em uma determinada localidade dessa região, com determinadas características culturais como idioma, usos, costumes, valores, tradições, bem como em uma determinada família, de acordo com a sintonia que a frequência do seu pensamento consiga estabelecer em relação a cada um desses elementos.

– Mas o espírito realiza a reencarnação conscientemente?

– Quase isso. Nós combinamos tudo antes de encarnarmos. Inclusive traçando o seu próprio plano geral para a existência material que está se iniciando.

– Nossa, é realmente incrível, Daniel!

– É mesmo, Felipe. O espírito reencarnante, de acordo com suas limitações, será mais ou menos auxiliado por espíritos com mais conhecimento e com os quais tenha afinidade. No entanto, se não estiver suficientemente equilibrado ou consciente, será orientado no planejamento de sua passagem pelo polissistema material. Todavia, reencarnado o espírito, inicia-se o processo de existência corporal no polissistema material.

É um processo aberto, pois a trajetória pessoal do encarnado segue o exercício do seu livre-arbítrio. Portanto, não há que se falar em destino, em caminhos previamente traçados.

O espírito encarnado, fundamentando-se em sua bagagem de conhecimentos e experiências adquiridos ao longo de toda a sua história, seja encarnado, seja desencarnado, passa a exercitar sua capacidade, a constatar e desenvolver suas potencialidades. Enfim, passa a construir seu momento presente e seu momento futuro.

– Isso quer dizer que eles vão enfrentando contradições, dificuldades, obstáculos e facilidades, conforme reencarnam, Daniel?

– Exatamente. Eles vão administrando encontros e desencontros, permanecendo no seu plano geral ou se desviando em função de algumas variáveis do processo, mas sempre de acordo com sua vontade e seus resgates.

No exercício do livre-arbítrio, o espírito encarnado vai construindo seu equilíbrio ou seu desequilíbrio, de acordo com a maneira pela qual enfrenta as situações e a vida. Vai, por assim dizer, determinando-se, segundo a natureza de seus pensamentos e atos. Por menos que faça, ou por mais que se desequilibre, o espírito sempre alcança progressos em um ou outro aspecto do seu ser.

– Mas a evolução está necessariamente vinculada ao tempo de vida material ou à intensidade com que ela é vivida?

– Muito boa sua pergunta, Nina. A evolução não está necessariamente vinculada ao tempo de vida material, mas sim à intensidade com que ela é vivida. Muito bem lembrado, parabéns!

– Que isso, irmão Daniel, assim você me deixa envergonhada.

– Você deve ficar orgulhosa e não envergonhada, ora pois. Mas saibam todos vocês que a quantidade de experiências e o aproveitamento que é feito delas são fundamentais para o crescimento do espírito, não importando se as experiências estão sendo vivenciadas no plano material ou espiritual.

– Mas Daniel, podemos entender então que entre uma encarnação e outra o espírito continua trabalhando, aprendendo, evoluindo?

– Sempre, Lucas, sempre! Ele sempre reencarna dentro das condições evolutivas anteriores, de modo que não reencarna no mesmo estágio em que desencarnou. Se não evoluiu, ele passa por provas mais estruturadas, forçando sua evolução por meio das experiências e desafios impostos por ele mesmo para seu engrandecimento espiritual. Eles não são consequência de uma interferência ou controle externo ao espírito reencarnante, descartando-se, portanto, qualquer ideia de castigo, punição ou recompensa. Eles são decorrentes da lei de causa e efeito e das condições de equilíbrio e harmonia do espírito.

– E o que seria uma missão espiritual, Daniel?

– Pois bem, Felipe. Missão é a situação na qual o espírito reencarnante aplica conhecimentos internalizados a favor de uma pessoa ou do grupo de sua convivência.

Já a provação é a situação na qual o conhecimento em processo de acomodação e internalização deve ser vivenciado; é a situação na qual o espírito é desafiado ao limite de seu conhecimento.

E a expiação não se refere à aplicação de conhecimento, mas sim a uma consequência de um conhecimento aplicado, que provocou consequências difíceis, desagradáveis, muitas vezes dolorosas, que o seu responsável deverá enfrentar. O espírito em desequilíbrio estará sempre em recuperação tanto pela sua reação própria como pela ajuda de outros espíritos.

– Mas o que varia, então?

– O que varia é apenas o tempo necessário para que o equilíbrio seja novamente retomado. É importante frisar que as dificuldades que o espírito encarnado encontra em seu cotidiano, muitas vezes, não são explicadas pela reencarnação. Reencarnação não explica tudo. Há muitas situações de desequilíbrio causadas em sua encarnação atual.

– Entendemos.

– Em resumo, reencarnação não serve para explicar tragédias e desgraças; não serve para esconder a ignorância, não serve como desculpa ao imobilismo; não serve como consolo para aquelas situações que deveriam ser modificadas e não o são; não serve para destacar o passado e paralisar o presente. Reencarnação é oportunidade de aprendizado, é oportunidade de se aplicar o que se sabe e superar as limitações por meio de vivências sucessivas no polissistema material. Reencarnação é afirmação da unidade e da continuidade da vida.

– Amei, Daniel – afirma Nina, sensibilizada pelas palavras e pela forma serena e tranquila com que Daniel expõe tanto saber para todos ali presentes.

– Obrigado Nina, obrigado.

– É a mais pura verdade, Daniel – corrobora Felipe com a concordância de todos os presentes.

Todos assistem a tudo como se estivessem paralisados com tamanha desenvoltura e calma com que Daniel conduz os ensinamentos. E os aprendizados não cessam.

– Daniel, e qual é o futuro da Colônia Amor & Caridade?

– Muito boa sua pergunta, Lucas, parabéns!

Amor & Caridade tem por objetivo socorrer os irmãos que sofrem da doença do câncer. Isso vocês já sabem, não é mesmo?

A humanidade está à procura da cura deste mal. Como tudo o que cerca a vida dos espíritos, tudo está organizado pelo Criador. Ele já tomou as devidas providências para que Amor & Caridade siga em sua mais nobre missão, que é de amor e auxílio para aqueles que mais necessitam de nosso suporte.

Nós seguiremos nossa jornada evolutiva. Lembrem-se, tudo converge para cima, e todos nós que estamos aqui trabalhando subiremos naturalmente convergindo para outras colônias nas esferas ainda mais superiores. Essa é a lei.

Um dia todos nós estaremos nos planos sublimes, aprimorando ainda mais nosso caminho, tornando-nos ainda mais iluminados e agigantando dentro de nós o mais importante sentimento: o amor.

– Obrigado, Daniel – todos em coro agradecem ao irmão Daniel e se levantam para cumprimentá-lo, emocionados.

A colônia está quase toda paralisada. Todos assistem com lágrimas nos olhos aos ensinamentos que Daniel estava passando aos jovens aprendizes.

É grande a saudade dos amigos e dos familiares que ainda estão em processo evolutivo, vivenciando suas vidas como encarnados. Todos sentem as vibrações da saudade que sai pulsante da colônia em direção à Terra. Nina, Felipe e Lucas ficam curiosos com esses tipos de vibrações e indagam Daniel a respeito de como isso funciona.

– Daniel, essas vibrações que estamos presenciando agora, oriundas dos corações emocionados aqui da colônia, a saudade de nossos familiares e amigos que ainda estão na Terra, como isso os atinge lá no plano material?

– Nina, conforme já vimos hoje, principalmente o Lucas, mais cedo, tudo é energia. Somos o que pensamos e irradiamos pelo Cosmos. Agora mesmo todos aqueles que são afins com todos os que estão em Amor & Caridade sentem em seu íntimo a saudade latente, reflexo dos sentimentos que estamos a exalar de nossos corpos fluídicos, isso atinge a todos. É como a prece, que bem proferida, atinge seu objetivo com a velocidade superior à velocidade da luz.

– Diante disso, você poderia nos falar mais um pouco do poder da oração?

– Sim, com certeza, vamos lá. A prece é uma invocação: por ela, nos colocamos em relação mental com o Ser a que nos dirigimos. Ela pode ter por objeto um pedido, um agradecimento ou um louvor.

Podemos orar por nós mesmos ou pelos outros, pelos vivos ou pelos mortos. As preces dirigidas a Deus são ouvidas pelos espíritos encarregados da execução dos seus desígnios; as que são dirigidas aos bons espíritos vão também para Deus.

Quando oramos para outros seres, e não para Deus, aqueles nos servem de intermediários, de intercessores, porque nada pode ser feito sem a vontade de Deus.

– Mas como esse contato ocorre, Daniel?

– Olha, Lucas, para compreender o que ocorre nesse caso, é necessário imaginar os seres, encarnados e desencarnados, mergulhados no fluido universal que preenche o espaço. Assim como na Terra estamos envolvidos pela atmosfera.

Esse fluido é impulsionado pela vontade, pois é o veículo do pensamento, como o ar é o veículo do som, com a diferença de que as vibrações do ar são circunscritas, enquanto as do fluido universal se ampliam ao infinito.

Quando o pensamento se dirige para algum ser, na terra ou no espaço, de encarnado para desencarnado, ou vice-versa, uma corrente fluídica se estabelece de um a outro, transmitindo o pensamento, como o ar transmite o som.

– Mas como a prece é "ouvida" pelos espíritos?

– Muito bem colocado, Felipe. A energia da corrente está na razão direta da energia do pensamento e da vontade. É assim que a prece é ouvida pelos espíritos, onde quer que eles se encontrem. É assim que os espíritos se comunicam entre si, que nos transmitem as suas inspirações e que as relações se estabelecem a distância entre os próprios encarnados. Esta explicação se dirige, sobretudo, aos que não compreendem a utilidade da prece puramente mística. Não tem por fim materializar a prece, mas tornar compreensíveis os seus efeitos, ao mostrar que ela pode exercer ação direta e positiva. Nem por isso está menos sujeita à vontade de Deus, juiz supremo em todas as coisas e único que pode dar eficácia à sua ação.

Colônia Espiritual Amor & Caridade

– Mas Daniel, quais seriam os objetivos maiores das preces?

– Nina, é pela prece que o homem atrai o concurso dos bons espíritos, que o vêm sustentar nas suas boas resoluções e inspirar-lhe bons pensamentos. Ele adquire assim a força moral necessária para vencer as dificuldades e voltar ao caminho reto, quando dele se afastou; e assim também podem desviar de si os males que atrairia pelas suas próprias faltas.

Um homem que, por exemplo, sente sua saúde arruinada pelos excessos que cometeu e arrasta até o fim de seus dias uma vida de sofrimento, tem o direito de queixar-se, se não conseguir a cura? Não, porque poderia encontrar na prece a força para resistir às tentações.

Se dividirmos os males da vida em duas categorias, sendo uma a dos que o homem não pode evitar, e outra a das atribuições que ele mesmo provoca, por sua incúria e pelos seus excessos, veremos que esta última é muito mais numerosa que a primeira. Torna-se pois evidente que o homem é o autor da maioria das suas aflições, e que poderia poupar-se, se agisse sempre com sabedoria e prudência.

– Mas Daniel, como vimos hoje, também é certo que essas misérias resultam das próprias infrações às leis de Deus, e que, se as observássemos rigorosamente, seríamos perfeitamente felizes, não é mesmo?

– Você está certíssimo, Lucas, o que me deixa imensamente feliz. Pois então. Lembrando alguns ensinamentos que Allan Kardec recebeu do plano espiritual, se os encarnados não ultrapassassem os limites do necessário, na satisfação das exigências vitais, não sofreriam as doenças que são provocadas pelos excessos e as vicissitudes decorrentes dessas doenças.

Se limitassem as vossas ambições, não temeriam a ruína. Se fossem humildes, não sofreriam as decepções do orgulho abatido. Se praticassem a lei de caridade, não seriam maledicentes, nem invejosos, nem ciumentos, e evitariam as querelas e as dissensões. Se não fizessem nenhum mal a ninguém, não teriam de temer as vinganças, e assim por diante.

– Incrível o poder que têm as preces, não é mesmo, Daniel?

– É muito poderoso mesmo, Lucas. Admitamos que o homem nada pudesse fazer contra os outros males. Que todas as preces fossem inúteis para livrar-se deles. Já não seria muito poder afastar todos os que decorrem da sua própria conduta? Pois bem: nesse caso concebe-se facilmente a ação da prece, que tem por fim atrair a inspiração salutar dos bons espíritos a pedirem-lhes as forças necessárias para resistir aos maus pensamentos, cuja execução pode ser funesta. E, para os atenderem nisso, não é o mal que eles afastam de vós, mas são eles que afastam do pensamento que vos pode causar o mal; não embaraçam em nada os desígnios de Deus, nem suspendem o curso das leis naturais, mas é assim que nós, espíritos iluminados, impedimos que aquele que em prece pede, infrinja as leis de Deus. E assim nós conseguimos orientar o vosso livre-arbítrio.

Mas fazemos isso sem o perceber, de maneira oculta, para não prejudicar a vossa vontade. O homem se encontra então na posição de quem solicita bons conselhos e os segue, mas conservando a liberdade de segui-los ou não.

Deus quer que assim seja, para que ele tenha a responsabilidade dos seus atos e para lhe deixar o mérito da escolha entre o bem e o mal. É isso o que o homem sempre receberá se pedir com fervor, e aos que se podem, sobretudo aplicar estas palavras: *"Pedi e obtereis"*.

– Daniel, a eficácia da prece, mesmo reduzida a essas proporções, não daria imenso resultado?

– Sim, claro, Nina. E ficou reservado ao espiritismo reforçar ainda mais a sua ação, pela revelação das relações entre o mundo corpóreo e o mundo espiritual. Mas não se limitam a isso os seus efeitos.

A prece é recomendada por todos os espíritos. Renunciar a ela é ignorar a bondade de Deus; é rejeitar para si mesmo a sua assistência; e, para os outros, o bem que se poderia fazer. Ao atender ao pedido que Lhe é dirigido, Deus tem frequentemente em vista recompensar a intenção, o devotamento e a fé daquele que ora. Eis porque a prece do homem de bem tem mais merecimento aos olhos de Deus, e sempre maior eficácia.

– Como assim, Daniel?

– Ora, muito simples, Lucas. Porque o homem vicioso e mau não pode orar com o fervor e a confiança que só o sentimento da verdadeira piedade pode dar. Do coração do egoísta, daquele que só ora com os lábios, não poderiam sair mais do que palavras, e nunca os impulsos da caridade, que dão à prece toda a sua força. Compreende-se isso tão bem que, instintivamente, preferimos recomendar-nos às preces daqueles cuja conduta nos parece que deve agradar a Deus, pois que são mais bem escutados.

– Daniel, se a prece exerce uma espécie de ação magnética, podemos supor que o seu efeito esteja subordinado à potência fluídica?

– Bem observado, Felipe. Entretanto, não é bem assim.

Desde que os espíritos exercem essa ação sobre os homens, eles suprem, quando necessário, a insuficiência daquele que ora, seja por meio de uma ação direta em seu nome, seja ao lhe conferirem momentaneamente uma força excepcional, quando ele for julgado digno desse benefício ou quando isso possa ser útil.

O homem que não se julga suficientemente bom para exercer uma influência salutar não deve deixar de orar por outro, por pensar que não é digno de ser ouvido. A consciência de sua inferioridade é uma prova de humildade, sempre agradável a Deus, que leva em conta a sua intenção caridosa. Seu fervor e sua confiança em Deus constituem o primeiro passo do seu retorno ao bem, que os bons espíritos se sentem felizes de estimular.

– Então a prece que é repelida é a do orgulhoso, que só tem fé no seu poder e nos seus méritos?

– Isso mesmo. É aquele que geralmente julga poder substituir-se à vontade do Eterno. O poder da prece está no pensamento, e não depende nem das palavras, nem do lugar, nem do momento em que é feita. Pode-se, pois, orar em qualquer hora, a sós ou em conjunto.

A influência do lugar ou do tempo depende das circunstâncias que possam favorecer o recolhimento. A prece em comum tem ação mais poderosa quando todos os que a fazem se associam de coração num mesmo pensamento e têm a mesma finalidade, porque então é como se muitos clamassem juntos e em uníssono.

Mas que importaria estarem reunidos em grande número, se cada qual agisse isoladamente e por sua própria conta? Cem pessoas reunidas podem orar como egoístas, enquanto duas ou três, ligadas por uma aspiração comum, orarão como verdadeiros irmãos em Deus, e sua prece terá mais força do que a daquelas cem.

– Entendi perfeitamente, Daniel. Obrigada.

– De nada, Nina. Podemos agora tratar outro assunto que, tenho certeza, será muito útil a todos. Vamos logo, pois Rodrigo me aguarda.

– Nossa, e qual seria?

– Como conquistar mais rapidamente a evolução.

– Nossa! Agora fiquei curiosa.

– Então vamos lá.

– Vou aproveitar para dar algumas dicas, pois sei que essas palavras irão atingir milhares de espíritos. Podemos fazer assim?

– Claro, Daniel. Poxa, que oportunidade!

– Então vamos seguir juntos nessa jornada.

– Vamos! – todos gritaram com entusiasmo.

– Pois bem. Saibam todos vocês que não existe religião superior à verdade. A busca espiritual precisa ser aperfeiçoada sempre. A ignorância é o mal da humanidade.

As verdades são relativas. A consciência é imortal, seu corpo físico até pode vir a óbito, mas sua consciência é energia, e energia nunca se perde.

Essa busca é acessível a qualquer espírito. Não requer grau iniciático ou que você seja membro de qualquer grupo específico, adepto de uma ou outra filosofia, fraternidade, tampouco que seja integrante de uma sociedade secreta.

É um caminho para qualquer um que queira se abrir para o movimento evolutivo e incessante do Universo. No Universo, tudo é cíclico; entenda isso e você será mais feliz. Existe tempo para tudo, o momento certo de cada coisa. Mas tudo vai e vem, nasce e morre, levanta e cai, clareia e escurece, esquenta e esfria. Conviver bem com esses movimentos naturais torna a pessoa mais sábia e feliz.

– Incrível, Daniel!

– Para toda ação tem uma reação. Lembrem-se sempre de tudo que vimos aqui hoje. Você não é vítima de nada. Pare de se lamentar. Tudo que você está colhendo em sua vida hoje é resultado do que plantou em algum lugar do passado. "A cada um será dado conforme suas obras."

– Entendo. Mas qual o papel do pensamento nisso tudo, Daniel?

– O pensamento é quem cria ou transforma a sua re-alidade. Os pensamentos são os geradores dos estados de espírito. Se você souber moldá-lo positivamente, também vai moldar um futuro positivo para você mesmo.

Você cria o futuro o tempo todo.

A sua forma de reagir à vida e aos seus acontecimentos pode alterá-lo a todo instante. Não existem gurus.

Você é o maior mestre da sua existência e responsável por sua evolução.

As pessoas mais sábias que existem ao redor podem ajudar a compreender melhor os papéis; no entanto, jamais executá-los por você.

– Isso quer dizer que podemos influenciar nosso psiquismo? – diz Lucas.

– Sim, todos possuem a capacidade de influenciar o psiquismo. Quando você irradia uma intenção positiva, conscientemente pode influenciar multidões a agirem da mesma forma.

Agindo assim, você passa a ser colaborador de Deus no processo evolutivo. Isso é se tornar um ótimo exemplo para a humanidade. Todo pensamento, emoção e sentimento geram uma energia.

A questão de a polaridade ser energia positiva ou energia negativa é uma escolha de cada um. A busca diária e consciente por um estado de espírito elevado é um dos pontos mais importantes desse processo, requer disciplina e dedicação, mas pode ser conquistada de muitas formas diferentes e assimilada de maneira natural, sem complicações.

Desenvolver a espiritualidade é assumir e cumprir compromissos com a vossa própria essência.

Se você não encontrar tempo para sua evolução, inegavelmente vai se tornar solo fértil para desequilíbrios de qualquer ordem por simples negligência.

– O espírito encarnado então é muito mais poderoso do que imagina, não é mesmo? – diz Nina.

– Sim, claro! Eles possuem a capacidade de vibrar, gerar e emanar as mesmas bênçãos que Ele possui. E não é preciso religião para se espiritualizar.

A consciência do coração é o nosso maior guia. Na verdade, o que mais importa é viver de acordo com princípios divinos de amor. O respeito ao nível evolutivo de cada um é tão importante quanto a busca constante. As religiões mais antigas, e de certa forma obsoletas, ainda podem ser muito úteis às pessoas que não estão prontas para experimentar a busca da espiritualidade universalista; amar o próximo como a ti mesmo significa também esse respeito.

A busca pelo desenvolvimento da espiritualidade nunca termina. Pelo amor ou pela dor, um dia, em algum momento, você vai se render à necessidade de buscá-la.

Comece o quanto antes, isso facilita as coisas e torna a vida mais prazerosa. As verdades do Universo sempre vão se manifestar em vossa existência, podes até tentar atrasar esse acontecimento, mergulhado nas ilusões, jamais poderás evitá-las.

Algumas verdades são relativas, mas as verdades de Deus são absolutas.

– Daniel, "Orai e Vigiai" é um dos instrumentos mais importantes nessa busca.

– A mais profunda verdade, Lucas. Ele manifesta a necessidade que tens de cuidar com atenção de todas as coisas que produzires em vossos pensamentos, tendo a consciência de qual tipo de energia está gerando para o Universo e para vós mesmos que, por consequência, poderá aproximar acontecimentos na mesma frequência. Sois eternos responsáveis. "Não faças para o seu próximo aquilo que não queres que te façam."

As respostas aos vossos anseios estão dentro de vós mesmos. Precisas aprender a buscar no vosso interior, evitando a busca desenfreada e iludida por soluções e respostas no mundo externo.

– E o livre-arbítrio diante disso?

– O livre-arbítrio é uma ferramenta que deve ser utilizada com grande sabedoria.

A liberdade existe, mas a reação também. Pense sempre que todos os vossos atos geram consequências. Atos positivos, consequências também positivas. O inverso obedece à mesma lei. Não tem malandragem ou jeito de driblar isso.

O Universo se comunica o tempo todo convosco por meio de sinais, coincidências e sinais mostrados pelos espíritos iluminados. É preciso melhorar a recepção desse sinal cósmico.

Aprenda definitivamente a aproveitar todas as dicas que surgem sutilmente por meio de pessoas, situações e acontecimentos que soam como coincidências. Essas não existem. O que há é uma energia de sincronicidade que faz as coisas parecerem meras coincidências. Aprenda a aproveitá-las sempre.

Vocês têm uma missão a ser realizada nesta existência e precisam se alinhar a ela. Não dá para achar que o vosso único propósito na Terra é apenas trabalhar, sobreviver e pagar as contas. Vocês precisam evoluir, e isso significa muito mais do que defender apenas os interesses do mundo material.

Ouça sempre seu coração, pois é dentro dele que estão as respostas para todos os seus atos, sejam eles positivos ou negativos.

– Nossa, Daniel, se eu me recordasse disso tudo em

minhas existências anteriores... – desabafou um dos espíritos presentes.

– Pois é, meu nobre companheiro. Descobrimos que a solução dos nossos problemas não está em outra pessoa, e as pessoas ao seu redor podem ser gatilhos de sua evolução, bem como podem ser amparadoras nessa jornada, jamais salvadoras, tampouco culpadas por nada.

Quando nos damos conta de que o milagre é a sua capacidade de transformar problemas e oportunidades de evolução em crescimento espiritual, definitivamente vocês precisam entender que, para o planeta sair do caos, ele precisa de muito esforço de todos.

– Daniel, a gratidão e a meditação são exercícios diários para manter qualquer pessoa em contato direto com os planos superiores e com os melhores níveis de vibração?

– Sim, Nina. Se você não aprender a ser grata pelo que tem, jamais vai conseguir conquistar sucesso, paz e saúde. Todos têm que aprender a se saciar com as coisas simples da vida, compreendendo a essência da cada existência, livrando-se da miopia consciencial e do egoísmo. O apego e o materialismo excessivos escravizam, pois tornam as pessoas dependentes umas das outras e de coisas materiais.

Não há problema algum em ganhar dinheiro, quando de forma idônea e ética. É melhor você ter bastante dinheiro, ser feliz, inclusive utilizando-o com sabedoria para ajudar mais pessoas a evoluírem, a rejeitar isso tudo por medo.

O dinheiro é uma forma de energia muito importante da terceira dimensão, que pode contribuir nessa busca evolutiva.

– Como ficam os votos de pobreza diante disso, Daniel?

– Os votos de pobreza, na maioria dos casos, no que tange à realidade atual, só pioram as coisas. É preciso que você seja sensato, não se autopenalize. Dinheiro não é sujo e ser rico não é pecado, desde que você torne a riqueza também um estado de espírito.

Você tem que compreender, na verdade, que seu corpo físico não é tudo. Não deixe de cuidar com carinho e atenção do seu corpo, mas ele é apenas um dos pés de uma cadeira. Não se iluda com as aparências.

A meta maior do encarnado na Terra é a evolução constante, que implica a purificação das características de inferioridade da vossa personalidade e a harmonização dos conflitos com outras pessoas.

O fato de você não querer evoluir ou não querer se espiritualizar não interrompe o movimento evolutivo do Universo. É preciso ficar atento, porque muitas vezes vossas decisões e formas de agir são contrárias a esse movimento.

E quando isso acontece é comum o caos se instalar na

vida, na sua vida. E, por último, mas não menos importante: não confunda consciência espiritual com nível cultural, condições financeiras ou hierarquia social. Quantos não sabem nem ler, mas são "doutores" na arte de compreender Deus. É preciso engolir a arrogância, ser humilde.

– Nossa Daniel, que bom ouvir todas essas palavras!

– Obrigado, Nina, obrigado a todos.

– Mas Daniel, enfim, quando será que a humanidade vai entender perfeitamente esses ensinamentos e seguir adiante em uma evolução mais acertada?

– Olha, Lucas, o espiritismo é uma religião nova entre tantas que chegaram através dos séculos ao conhecimento dos encarnados.

Conforme Jesus prometeu que viria o espírito da verdade e que essa verdade seria o condutor da humanidade, as palavras do Messias estão a se cumprir. Em breve esta religião, ainda infantil entre todas as que existem, se tornará uma adolescente e depois uma religião adulta.

Nossa missão é conduzir e auxiliar dentro do tempo limite, pois existe um prazo determinado para que tudo se cumpra. De onde estamos já é possível compreender muitas coisas, mas muitas coisas ainda precisam ser assimiladas pelos espíritos para seguirem sua jornada evolutiva.

– Compreendemos isso, Daniel.

Sim, minha jovem Nina. Esta colônia é um lugar de espíritos evoluídos. Mas, como mostrei anteriormente, existem ainda muitas outras que precisam chegar ao patamar em que nos encontramos.

– Sim, Daniel, para isso devemos orar e auxiliar nossos irmãozinhos no caminho do bem. O caminho da evolução.

– Isso mesmo, Lucas, tudo converge para cima.

– Verdade – diz Nina.

– Então, Daniel, existem prazos predeterminados para todos?

– Olha, Nina, não devemos chamar de prazos; lembre-se, Deus é justo e não castiga Seus filhos. O que acontece é que todo o sistema criado por Deus converge para a evolução. E, de tempos em tempos, a humanidade espiritual sofre com transformações evolutivas que impulsionam obrigatoriamente todos para a elevação.

– Mas, como assim?

– Vou explicar. Tudo evolui no Universo, exceto Deus, que é e sempre foi perfeito e imutável. Do átomo ao arcanjo, tudo obedece à lei inexorável do progresso. O instinto conduz às sensações, das sensações avançam para as emoções, as emoções amadurecem rumo aos sentimentos, dos sentimentos o amor sublimado é a forma mais perfeita.

Mas se as individualidades espirituais evoluem, também as coletividades espirituais progridem, e com elas suas casas planetárias. Há, na verdade, cinco categorias de mundos habitados. Há os mundos primitivos, de expiações e provas, regeneradores, felizes, celestes ou divinos. Já falei um pouco sobre isso para vocês, mas vamos falar mais um pouco.

– Ótimo, que bom, irmão Daniel!

– A Terra vivencia neste momento uma importante transição evolutiva no conserto dos mundos. Deixará, no presente milênio, a condição de mundo de provas e expiações, transformando-se em mundo de regeneração. Lembrem- se das palavras de Jesus. *"Não se perturbe o teu coração. Crê em Deus, crê também em mim. Há muitas moradas na casa de meu Pai; se assim não fosse, já eu te teria dito, pois vou para preparar-te o lugar. Depois que tenha ido e que te houver preparado o lugar, voltarei e te retirarei para mim, a fim de que onde eu estiver também tu aí estejas."*

Nesse contexto, inúmeros eventos se processam promovendo mudanças, quebrando paradigmas, reconstruindo conceitos, renovando consciências.

O planeta Terra, à semelhança de um ser vivo, dá sinais de grande perturbação por meio de maremotos, terremotos, enchentes e mudanças climáticas radicais, demonstrando vivenciar um quadro doloroso ante a indiferença, o descuido e a ambição da espécie humana.

– Nossa, isso tudo me deixa muito preocupado, Daniel.

– Calma, Lucas! Nós, espíritos mais iluminados, já tivemos a permissão para dar importantes notícias sobre o que se processa nos ambientes extrafísicos do planeta: esvaziamento das zonas umbralinas por meio da reencarnação de grandes coletividades de espíritos bárbaros e primitivos, a fim de vivenciarem sua última oportunidade de progresso no orbe terrestre; exílio para planetas primitivos de muitos espíritos renitentes no mal; encarnação na Terra de espíritos mais esclarecidos, vindos de outros mundos ou dimensões, que promoverão grande progresso nos campos científico, tecnológico, artístico e principalmente moral da vida terrestre.

Já informamos que, a partir da segunda metade do século XXI, somente espíritos propensos ao bem poderão renascer na Terra, consolidando o início do período de grande regeneração da coletividade humana. "São chegados os tempos, dizem-nos de todas as partes, marcados por Deus, em que grandes acontecimentos se vão dar, para regeneração da Humanidade."

– Em que sentido devem ser entendidas essas palavras proféticas?

OSMAR BARBOSA

– Para os incrédulos, nenhuma importância tem. Aos seus olhos, nada mais exprimem que uma crença pueril, sem fundamento. Para a maioria dos crentes, elas apresentam qualquer coisa de místico e de sobrenatural, parecendo-lhes prenunciadoras da subversão das leis da Natureza.

São igualmente errôneas ambas interpretações. A primeira, porque envolve uma negação da Providência. A segunda, porque tais palavras não anunciam a perturbação das leis da Natureza, mas o cumprimento dessas leis. Isso posto, asseguro-lhes que o globo, como tudo o que existe, está submetido à lei do progresso.

Ele progride fisicamente, pela transformação dos elementos que o compõem e, moralmente, pela depuração dos espíritos encarnados e desencarnados que o povoam. Ambos esses progressos se realizam paralelamente, porquanto o melhoramento da habitação guarda relação com o do habitante.

– Mas como isso tudo vem ocorrendo no plano material? – pergunta Marques.

– Após tais informações, digo-lhes que a humanidade já vivenciou duas grandes guerras mundiais, inúmeras crises e conflitos e, na atualidade, ainda sofre com a presença da violência pulverizada em toda a sociedade, com a injustiça social, a prostituição, a fome, epidemias

COLÔNIA ESPIRITUAL AMOR & CARIDADE

e pandemias, terremotos e maremotos avassaladores, e outros tantos problemas característicos de um mundo de expiações e provas.

Para muitos, se acham no fim do mundo, mas à luz da Doutrina Espírita, que foi permitida e está se difundindo na Terra, todos saberão que não estão no fim de um mundo, mas sim de um ciclo evolutivo.

O velho mundo estará morto, e apenas viverão na história, como nos tempos da Idade Média, com seus costumes bárbaros e suas crenças supersticiosas.

– Puxa, Daniel! Isso tudo que você está dizendo realmente me faz lembrar que nos dias de hoje a humanidade vivencia uma espécie de desamor para com o próximo; muitas vidas são ceifadas por coisas banais.

– Isso mesmo, Felipe. Porém, todos serão chamados a um convite à reflexão, um chamado à revisão de valores... Quais seriam os valores da real soberania humana? Seriam o dinheiro e as armas? Ou aqueles apresentados há dois mil anos por Jesus, o Cristo – os valores do amor, da paz, da solidariedade – os valores do espírito? O alerta e o chamamento à meditação sobre os últimos acontecimentos da sociedade já foram dados, e eles irão verificar que, conforme esclarecemos em diversas obras espíritas, Deus, em Sua infinita sabedoria consegue retirar de todo mal o bem, posto que muitas das vezes se faz necessário que o mal chegue ao excesso para que verifiquemos a necessidade do bem e das reformas.

Reflitam também sobre a Lei da Destruição, sem se esquecer do alerta superior de Jesus de que "os escândalos são necessários, mas ai de quem os promova". A destruição, que parece aos homens o termo das coisas, não é senão um meio de atingir, pela transformação, um estado mais perfeito, porque tudo morre para renascer, e coisa alguma se torna em nada.

Deus é perfeito.

A lição é inconteste, a semente morre para germinar, a tempestade sacode a atmosfera para purificá-la, e nós, os espíritos, passamos pela morte do corpo para alcançarmos maior liberdade no mundo espiritual, após cada encarnação bem aproveitada.

Ainda vivenciamos a dor na Terra como mecanismo de revisão e despertamento consciencial, mas a era nova de regeneração ampliará paulatinamente os horizontes humanos, oportunizando à Humanidade novos caminhos para a evolução pelo amor.

Já está tudo pronto para a transformação, milhares de espíritos sublimes, elevados e arcanjos estão em processo reencarnatório para auxiliar a Terra em seu momento de transformação.

– Mas como isso está sendo feito, Daniel? – perguntou Marques.

– Estão reencarnando espíritos iluminados, espíritos especiais tidos como índigos e cristal.

– Nossa, olha só! Poderia nos falar um pouco sobre isso, Daniel?

– Sim, com certeza, Lucas. Vou aproveitar a oportunidade para dar um maior esclarecimento sobre esses irmãos que já estão na Terra há bastante tempo. Mas agora é chegada a hora de um volume maior desses espíritos iluminados chegarem à raça humana para auxiliá-los nessa transformação.

– Obrigado, Daniel.

– Vamos fazer assim: vou solicitar a Nina que dê a todos vocês uma explicação bem profunda sobre essas crianças, já que ela está acostumada a lidar com elas aqui em nossa colônia e as tem tratado com todo o carinho recomendado. Venha, Nina, fale para todos a respeito das crianças cristais.

Nina levantou-se da confortável poltrona de cor branca e caminhou até o palco, de onde se colocou a falar para todos sobre as crianças cristais.

"Quando buscares uma religião, busque-a para te engrandecer em espírito, pois esse foi o objetivo de Jesus que esteve entre vós para direcioná-los a seguir para a evolução."

Frei Daniel

Esperança para a Humanidade

De forma sempre graciosa e meiga, Nina começou a partilhar com todos o que sabia a respeito dessas crianças especiais.

– As crianças cristal são recém-chegadas ao planeta Terra em um número cada vez maior. No entanto, sempre existiram, ainda que em menor quantidade. As crianças cristal são chamadas de pacificadoras, pois trazem atributos de paz e equilíbrio para poder continuar o trabalho começado pelas crianças índigo, que já estão há bastante tempo encarnadas na Terra.

Ambas as crianças representam um desafio para a sociedade, especialmente para os pais. Isto porque a forma de tratá-las vai ter que mudar, e vivo isso aqui diariamente na colônia.

Os pais, educadores, amigos e familiares precisam adotar novas formas de lidar corretamente com as crianças destas novas formas de vibração. A vibração cristal.

– Nina, mas qual será a missão dessas crianças?

– Olha, Lucas, pelo que já pude perceber até mesmo

pelos ensinamentos do irmão Daniel e de nossa mentora, elas serão auxiliares no que tange às mudanças necessárias à transformação de provas e expiação para um planeta de regeneração, o que já está muito próximo de acontecer com a Terra – afirmou Nina, olhando meio sorridente para Daniel, buscando seu consentimento e aprovação ao que estava dizendo.

Daniel sorriu a assinalou com a cabeça que Nina estava correta. Nina prosseguiu.

– As crianças cristal, em grande medida, são filhos dos índigos. Não é uma regra, mas é o que mais tem acontecido. Podem até ser índigo. O que realmente importa é que cada grupo ou subgrupo de crianças inspiradas pela unidade seja apoiado, e lhes seja permitido realizar seus trabalhos, seus propósitos divinos, dando-lhes estrutura para tal.

São crianças chamadas de *pacificadoras*, como comentei, enquanto que os índigos foram chamados de *confrontadores de sistemas*.

Grandes nomes que estiveram encarnados foram índigos que deram início à evolução do planeta por meio de suas descobertas e invenções.

As crianças índigo foram assim chamadas por serem extremamente inteligentes e sensíveis, diferentes da maioria das crianças encarnadas.

Os índigos, que há muito tempo já estão entre os encarnados, são muito intuitivos; normalmente são de raciocínio rápido e se aborrecem facilmente. As crianças cristal, ao contrário, são chamadas assim não pela rapidez de raciocínio, mas pelo amor às coisas da natureza, e mais pela sua alta vibração. Tudo nelas é diferente.

– Nossa, que demais! – disse Lucas.

– Agora compreendo melhor a Rafaela – diz Felipe.

– Sim, Felipe. Rafaela está entre nós há algum tempo e realmente é um cristal – esclarece Nina.

– Pois sei que não é fácil lidar com ela.

– E não é? E com o tempo se saberá que as crianças cristal são mais dominantes, mas isso só o tempo poderá revelar.

– Quando começaram a chegar as crianças cristal à Terra? – pergunta Marques.

– Olha, Marques, o que sei é que elas sempre existiram no planeta. Porém, era uma minoria que atuava como exploradora, apalpando o terreno, mas a humanidade não a tratou muito bem.

Muitos foram os mártires da história da humanidade que eram cristais. Com muita frequência esses exploradores eram assassinados, mas serviam no propósito de deixar sementes importantes.

Com a chegada das crianças índigo e cristal, todos poderão ver um incremento dramático no número de crianças diagnosticadas como hiperativas pela comunidade médica, por pais e educadores. Posso lhe dizer que, desde as últimas quatro décadas, mais ou menos, elas vêm chegando com mais intensidade.

Daniel comentou um pouco.

– Até então não era garantido que o planeta pudesse estar preparado para as crianças cristal, mas o caminho tinha de ser criado. O caminho tinha de ser aberto, e as sementes tinham de brotar, de alguma forma. Enfim, chegou o século XXI, tendo passado por todas as provas, dando as boas-vindas a uma grande quantidade dessas crianças, de forma que, aparentemente, estavam todos preparados.

– Mas como reconhecer essas novas crianças ou poucos adultos índigos que, como precursores, ancoraram as energias necessárias para que tudo fosse cumprido? – pergunta Lucas.

– Olha, Lucas, elas não andam por aí causando estragos.

Vivem tranquilamente em uma obscuridade relativa. Fazendo o melhor que podem para ficar no planeta. São operárias da prosperidade. Estão em grande número espalhadas sobre o planeta.

– Mas como reconhecê-las, Daniel?

– Não é muito difícil, tendo em vista que possuem algumas características bastante incomuns no mundo de hoje. Deixemos que Nina continue sua apresentação. Responda, por favor, Nina.

– Sim, Daniel.

– Vamos lá. Elas são extremamente sensíveis a tudo no seu meio ambiente: sons, cores, emoções negativas dos outros, cheiros, comida, produtos químicos, a sensação de estarem vestidas, violência, a dor dos outros, consciência de grupo, frequências eletromagnéticas, radiações solares.

Tão sensíveis que são profundamente vulneráveis, com muita intensidade e grande vulnerabilidade. Gostam de passar grande parte do seu tempo sozinhas.

Não vivem bem em grupos. Poucos entendem sua necessidade de solidão. Passam horas e até dias em seu mundo particular.

Gostam de estar em comunhão com a natureza e com os elementos naturais diariamente. O espírito da natureza as ajuda a equilibrar-se e limpa todas as energias não harmoniosas que as afetam tão profundamente. Simplesmente não entendem a desumanidade do homem contra o homem, a guerra, a avareza. Sentem-se facilmente sufocadas com tudo isso. Normalmente são tranquilas.

Os outros as admiram e se sentem atraídos por elas

como um ímã. Têm profundas e longas relações com humanos que lhes ofereçam o amor incondicional que o cristal sabe que é o único amor verdadeiro.

Nina complementou com sua própria vivência da colônia:

– Olha, fico maravilhada com o olhar dessas crianças. É como se penetrasse na nossa alma.

– É verdade, Nina, a criança cristal tem um olhar caracteristicamente profundo, penetrante – corroborou o irmão Daniel.

– É verdade, Daniel. E raramente elas querem e precisam ser tratadas como crianças tradicionais, pois são gentis, prudentes e capazes de dizer o que necessitam. Sabem discernir como poucos os que são bons e os que não são bons para elas. É incrível – afirmou Nina, maravilhada. E prosseguiu:

– Elas são demasiadamente conscientes do que podem ou não podem fazer. Normalmente já na tenra infância elas dizem: "eu não posso beber álcool ou tomar drogas" ou "eu amo os animais e a natureza, logo não quero comer nenhum bichinho".

Com frequência elas evitam multidões. Demasiadas energias diferentes as incomodam. Elas também sentem um amor profundo por crianças, animais, flores, rios, lagoas e oceanos.

Possuem uma forma extraordinária de conectar-se com todas as criaturas e energias desses ambientes. A água é muito benéfica para limpá-las e acalmá-las: banhos frequentes, cascatas, fontes, brincar com a água e a areia, tomar banho de mar, tudo isso faz com que fiquem muito equilibradas.

– É mesmo, gostam muito! E gostam também de roupas bem confortáveis, sempre sob sua escolha, em cores e fibras naturais – diz Daniel.

– E antes de nascerem vocês imaginam que elas conseguem dizer a seus pais o seu nome, pois possuem um poder mediúnico incomum. E isso é muito bom.

– Nossa, incrível!

– Os animais as procuram com frequência. Os bebês lhes sorriem. Até mesmo curas podem ocorrer naturalmente. Basta que suas mãos se imponham. São extremamente empáticas ao ponto de saber o que um desconhecido está sentindo.

Sentem medo de intimidar, porque se sentem invadidas e não respeitadas muito facilmente. Preferem ficar sozinhas a terem o seu "espaço pessoal corporal" descuidado.

Também evitam relações românticas por medo de ferir o outro se a relação terminar. Há uma inocência, uma falta de malícia, uma pureza, graças à ausência de ego nos cristais. Ao contrário, podem ter tendências à baixa autoestima. Podem necessitar de ajuda para aprender a conectar sua energia, o que pode ser feito por meio de atividade física. Natureza, esportes, artes marciais, ioga ou dança. Amam dançar.

Podem, mesmo sem querer, estragarem aparelhos elétricos, rádios, televisões, computadores com o simples toque de suas mãos que condensam muita energia. Abstêm-se de mostrar emoções por medo da sua amplificação e perda de controle, pois podem parecer passivas ou sem sentimentos.

Podem sentir-se responsáveis porque alguém morreu, ou está ferido, ou, ainda, discutindo. Podem ter períodos de depressão profunda e sofrem sempre por sentirem-se diferentes.

– Olha, Nina, eu também percebo que elas respondem muito bem ao trabalho corporal, à massagem ou ao trabalho energético realizado por alguém que está equilibrado. Elas amam terapias. Massagens craniossacrais podem ser cruciais para manter seus corpos saudáveis e sem dor – afirma Felipe.

– Isso mesmo, Felipe. E com frequência têm um metabolismo alto e são naturalmente vegetarianas em sua esmagadora maioria.

Inteligentes, veem todas as possibilidades com um entendimento instintivo das leis espirituais, de como funciona tudo.

Elas têm uma conexão limpa com o seu "eu" superior, ascendendo naturalmente ao seu guia superior. É por isso que sabem a verdade da unidade espiritual.

São curadoras e pacificadoras.

Com muitas habilidades, são capazes de regenerar os ossos e a pele com o simples toque das mãos.

Quando muitos de nós formos, gradualmente, renovados, ascenderemos à energia cristal que já está no DNA. Podem ser pessoas de muito poucas palavras, mas todos as escutam, quando tranquilamente expressam sua sabedoria com humildade.

No entanto, jamais nos darão conselhos sem que lhes tenham sido pedidos e nunca interferirão.

– Desculpe-me, Nina… Mas Daniel, é possível integrar as duas formas em uma mesma pessoa?

Daniel, que permanecia de pé ao lado de Nina, responde a Lucas com todo carinho e atenção.

– Excelente pergunta, Lucas.

– Permite-me responder, Nina?

– Sim, claro, Daniel! Por favor.

– Vamos lá... Há, sim, encarnados que integram, na mesma pessoa, as duas energias: índigo e cristal. Elas podem ter uma mescla das duas energias, o que as faz mudar de comportamento conforme as situações.

Elas podem se adaptar rapidamente diante de uma emergência. Não aceitam as regras culturais e só aprendem o que acham que é necessário. Têm, portanto, sua atenção centrada naquilo que para elas é essencial.

O silêncio é a melhor forma de se comunicar com uma criança ou um jovem índigo-cristal.

O cristal é muito mais autônomo do que o índigo, porque sua energia lhe basta e só aceita sua visão das coisas, porque sabe muito bem o que quer e o que é melhor para ele.

Elas respeitam os outros, mas exigem que as respeitem também. Por isso têm, às vezes, uma raiva contida que pode lhes trazer muitos problemas na relação com os outros, já que não perdem tempo com explicações do que pensam ou do que acham que está mal, mas sentem tudo muito intensamente, no seu íntimo e na sua sensibilidade.

– E quando estão em uma mesma família, Daniel?

– Quando estão entre irmãos ou entre amigos, se um tem mais características índigo e o outro, cristal, o índigo tem tendência natural para proteger o cristal.

Os índigos vivem para o exterior, para fora, enquanto

os cristais são naturalmente espirituais, já que vivem para o seu interior, para dentro de si. Têm percepções, intuições e captam muito mais questões relacionadas com a espiritualidade É verdade que não existem características ou padrões definitivos, muito menos rígidos. E nesse amálgama que é, nesse momento, a evolução humana, podem existir pessoas com algumas características índigo e outras, cristal e, no entanto, não se considerarem ainda um índigo puro ou um cristal puro.

Essas características surgem cada vez mais, e em pouco tempo podem ser todos habitantes de um planeta índigo.

O cristal tem uma vida transparente que não se vê nesta dimensão, há quem lhes chame cristal exatamente por isso.

– Mas Daniel, por que esse aumento no número de crianças deste perfil na Terra?

– Elas estão chegando para ajudar na transformação social, educacional, familiar, espiritual e econômica de todo o planeta. Independentemente das fronteiras e de classes sociais, estão encarnando em toda parte do globo terrestre.

São como catalisadores para desencadear as reações necessárias para as transformações. Elas possuem uma estrutura cerebral diferente no tocante ao uso de potencialidades dos hemisférios: esquerdo, menos; e direito, mais.

Isso quer dizer que elas vão além do plano intelectual, e no plano comportamental está o foco do seu brilho.

Elas exigem nos ambientes em volta delas certas características que não são comuns ou autênticas nas sociedades atuais.

– Em termos práticos, em que elas poderão ajudar de fato a humanidade? Responda você, Nina, por favor!

– Claro, Daniel.

– Muito boa sua pergunta, Lucas. Vamos enumerar assim:

Primeiramente, podemos dizer que elas ajudarão a diminuir o distanciamento entre o "pensar" e o "agir".

Hoje, nas sociedades, todos sabem o que é certo e o que é errado. No entanto, frequentemente age-se diferentemente do que se pensa. Dessa maneira, estas crianças vão induzir a diminuir esse distanciamento gerando assim uma sociedade mais autêntica, transparente, verdadeira, com maior confiança nos inter-relacionamentos. Depois, elas também poderão ajudar a mudar o foco do "eu" para o "próximo", inicialmente com base no restabelecimento da autenticidade e confiança da humanidade, que são pré--requisitos para que possam respeitar e considerar mais o "próximo" do que a elas mesmas.

E, como consequência, teremos a diminuição do egoísmo, da inveja, das exclusões, resultando em maior solidariedade e partilha.

– Mas como essas crianças vão fazer tal transformação?

– Olha, Felipe, pode ser que isso ocorra por meio do questionamento e transformação de todas as entidades rígidas que as circundam.

Começando pela família, que hoje se baseia na imposição de regras, sem tempo de dedicação, sem autenticidade, sem explicações, sem informação, sem escolha e sem negociação.

Essas crianças simplesmente não respondem a essas estruturas rígidas, porque para elas é imprescindível haver opções, relações verdadeiras e muita negociação.

Elas não aceitam ser enganadas, porque têm uma "intuição" para perceber as verdadeiras intenções e não têm medo. Portanto, intimidá-las não traz resultado, porque elas sempre encontrarão uma maneira de obter a verdade.

Elas percebem as verdadeiras intenções e as fraquezas dos adultos.

A segunda entidade vulnerável à ação dos índigos é a escola. Hoje, o modelo de ensino é sempre imposto sem muita interação, sem escutar e sem a participação dos estudantes. Simplesmente este modelo é incompatível com os índigos, sendo, portanto, o pior conflito, muitas vezes superior ao existente na família, principalmente pela falta de vínculos afetivos ou amor.

Assim, por meio do questionamento, elas influenciarão todas as demais entidades, tais como: o mercado de trabalho, a cidadania, as relações interpessoais, as relações amorosas e as instituições espirituais, pois elas são essencialmente dirigidas pelo hemisfério direito.

– Nina, infelizmente a missão dos índigos é muito difícil, não é mesmo? Imagino que elas sofrerão muita rejeição de todas essas entidades estabelecidas nas sociedades do plano material.

– É, Lucas, essa é uma verdade. O desafio é imenso. Mas elas possuem ao lado delas as forças do bem universal e Divino. E isso fará toda diferença.

– Isso realmente significa que elas chegarão com um diferente nível de consciência, maior do que todos os que estão encarnados, que são repletos de amarras históricas.

Essas crianças não somente estão sendo tão esperadas, mas elas são a prova de uma evolução da consciência humana, além da velha energia das gerações anteriores. Esses espíritos são, portanto, um novo passo evolucionário na humanidade.

– Muito bom, Nina! – Daniel, muito feliz, a parabenizou.

Todos ficaram extasiados com tamanha desenvoltura e

conhecimento de Nina acerca das crianças cristal. Felipe ficou de pé e abraçou Nina carinhosamente. Todos a cumprimentaram.

– Daniel, perdoe-me, mas por que a humanidade caminha a passos tão lentos? – perguntou um inconformado Felipe.

Rodrigo, cansado de esperar por Daniel em outra sala, adentra o ambiente com um leve sorriso no rosto ao perceber que toda a colônia está, naquele momento, em êxtase de alegria.

– Querido Felipe, vamos fazer o seguinte. Vou aproveitar esta oportunidade e convidar o Rodrigo para falar um pouco sobre o caminhar da humanidade, pode ser? Até mesmo porque depois vamos utilizar o auditório central para a reunião das casas espíritas.

– Nossa, para nós será uma honra ouvi-lo nesse momento.

Todos cumprimentam o jovem espírito iluminado que acaba de chegar.

– Venha, Rodrigo. Fale-nos um pouco sobre o processo evolutivo da humanidade.

Rodrigo aproximou-se rapidamente do local do palco onde Daniel estava.

– *Muchas gracias* pela oportunidade, Daniel. *Buenas-tardes* a todos.

– *Buenas*, Rodrigo.

– Queridos *hermanos*, a humanidade colhe os frutos de sua própria existência. Esta é a lei que conhecemos como causa e efeito.

Infelizmente, muitos foram os pecados das gerações e gerações que viveram e vivem pelo materialismo exacerbado. O materialismo é o grande câncer da humanidade. Todos sabem que vivem uma existência curta, mas isso não lhes cobra as responsabilidades com a divindade.

O sentimento da divindade está no coração de todos os espíritos, encarnados ou desencarnados. Todos nós sabemos da existência de uma força divina e que todos convergirão para a vida eterna, a vida plena, a vida sublime. Infelizmente, muita maldade foi e é feita em nome desse materialismo temporário que o homem tanto valoriza.

Muitas batalhas desnecessárias foram travadas, e esse é um grande martírio de milhões de espíritos que ainda habitam o orbe terreno em busca de suas redenções pessoais e grupais.

Milhares de espíritos ainda não conseguem compreender que a evolução espiritual é a ferramenta redentora de todos os pecados, e aí vivem pelo material sem se importar com as coisas espirituais.

Nós seguimos aqui nessa honrada missão de levar aos corações desolados a palavra da salvação. Nossa missão é levar os ensinamentos do Cristo Jesus em sua forma mais tenra e que todos possam compreender que o caminho é a justiça divina.

Séculos e séculos, de encarnação em encarnação, vamos nos purificando e levando conosco alguns poucos irmãos, que verdadeiramente aceitam a palavra da verdade e caminham conosco nessa missão redentora. Nisso tudo, Amor & Caridade é uma oportunidade.

Oportunidade de amor e benevolência para com esses irmãos que sofrem a doença do câncer espalhada sobre o orbe terreno, em que muitos têm desistido da vida pela pouca fé que carregam em seus corações.

A mim cabe auxiliar e servir, a *nosotros* cabe a união e o amor ao próximo.

Só nos resta o amor, e ele é a semente da vida de Cristo em nossos corações.

O planeta Terra precisa de ajuda, é chegado o tempo da mudança; e o Criador não se esqueceu de, organizadamente, realizar a troca de espíritos que, apesar de terem diversas oportunidades e milhares de informações, insistiram no erro. Além disso, a maior preocupação do governador espiritual deste planeta é a conservação do meio ambiente, tão útil, e que é o laboratório das provas e expiações, necessárias à evolução dos espíritos. E que, em nome da ambição e da ganância desenfreada, vem sendo destruído por esses que não são mais úteis ao progresso da humanidade.

Agora é a hora de separar o joio do trigo, e para isso, faz--se necessário que espíritos iluminados habitem este orbe terreno.

Nós estaremos sempre a serviço do bem, como nos orienta nossa mentora espiritual. Lembremo-nos de que o amor é a chama sublime da redenção, e que sem ele nos perderemos nos infinitos planos da inferioridade moral e espiritual.

Amai-vos, este é o ensinamento. Obrigado a todos pela oportunidade.

– Nós é que lhe agradecemos, Rodrigo, por suas palavras de tamanha sabedoria e amor – agradece Daniel.

– Agora, querido Lucas, já está preparado para seguir em sua próxima encarnação; siga para Nosso Lar, termine sua recuperação e vá em frente.

– Agradeço de coração a você, Daniel, por ser paciente e por me passar todo esse conhecimento. Vou, sim, seguir adiante, pois essa é a lei, mas antes gostaria de abraçar a todos vocês sem nunca me esquecer de que tenho muito orgulho de fazer parte dessa colônia.

– Venha, Lucas, venha nos abraçar.

Todos se abraçam e confraternizam em torno da alegria de evoluírem juntos no conhecimento Divino.

Catarina de Alexandria sorri com o amor resplandecendo em seu coração diante de tal cena na Colônia Amor & Caridade.

Fim

Outros títulos lançados por Osmar Barbosa

Conheça outros livros psicografados por Osmar Barbosa. Procure nas melhores livrarias do ramo ou pelos sites de vendas na internet.

Acesse

www.bookespirita.com

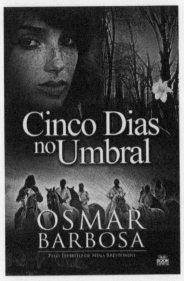

Aos 24 anos de idade, uma linda jovem desencarna por causa de uma doença no coração. Exausta e muito assustada, ela acorda no plano espiritual, em uma das enfermarias da Colônia Amor & Caridade. Quando ainda se recuperava desta intensa viagem de passagem, que todos nós faremos um dia, Nina recebe o convite que transformaria toda sua trajetória espiritual: se juntar a uma caravana de luz em uma missão de resgate no Umbral. Quem será que eles tinham que resgatar? Por quê? E que perigos e imprevistos encontrariam pelo caminho? Por que nem sempre compreendemos as decisões das esferas superiores? Você encontrará as respostas para estas e muitas outras perguntas no livro Cinco Dias no Umbral.

Após um longo período em orações, Felipe consegue permissão para buscar Yara, sua mãe, no Umbral. Ele e toda a caravana partem rumo à região mais sombria existente na espiritualidade para encontrar e trazer sua amada e querida mãe de volta à Colônia Espiritual Amor & Caridade. Quais os desafios que esses iluminados irão encontrar pela frente? Quem está com Yara? Será que cinco dias é tempo suficiente para que a missão seja cumprida? Nina suportará todos os desafios do Umbral? Você não pode perder a continuação do livro Cinco Dias no Umbral. Seja você o oitavo componente dessa missão de amor e solidariedade nas regiões mais densas da vida espiritual.

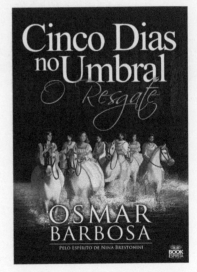

Uma história que nos completa e nos faz compreender a misericórdia divina em sua amplitude. Esta obra psicografada retrata a trajetória de um índio que, como espírito, também tem a oportunidade evolutiva. Ou índios, negros africanos, escravos etc., não são espíritos que merecem, como todos nós, filhos da criação, uma oportunidade? Esta obra é a prova viva de que Deus ama sua criação e proporciona a ela oportunidades evolutivas constantes. Como são recebidos esses espíritos na erraticidade? Existem colônias específicas para estes espíritos? Como são as colônias espirituais? Será possível eles auxiliarem na obra divina? E o amor, será que eles não amam? Quais as oportunidades? Onde estão seus familiares? Como estes espíritos podem evoluir? Para que servem essas experiências?

A prece é uma invocação: por ela nos colocamos em relação mental com o ser ao qual nos dirigimos. Ela pode ter por objeto um pedido, um agradecimento ou um louvor.
Podemos orar por nós mesmos ou pelos outros, pelos vivos ou pelos mortos. As preces dirigidas a Deus são ouvidas pelos espíritos encarregados da execução dos seus desígnios; as que são dirigidas aos bons espíritos vão também para Deus.
Quando oramos para outros seres, e não para Deus, aqueles nos servem apenas de intermediários, de intercessores, porque nada pode ser feito sem a vontade de Deus.
O Espiritismo nos faz compreender a ação da prece ao explicar a forma de transmissão do pensamento, seja quando o ser a quem oramos atende ao nosso apelo, seja quando o nosso pensamento eleva-se a ele.

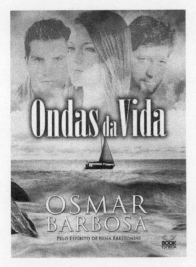

Diz-se que, mesmo antes de um rio cair no oceano ele treme de medo. Olha para trás, para toda a jornada, os cumes, as montanhas, o longo caminho sinuoso através das florestas, através dos povoados, e vê à sua frente um oceano tão vasto que entrar nele nada mais é do que desaparecer para sempre. Mas não há outra maneira. O rio não pode voltar. Ninguém pode voltar. Voltar é impossível na existência. Você pode apenas ir em frente. O rio precisa se arriscar e entrar no oceano. E somente quando ele entra no oceano é que o medo desaparece. Porque apenas então o rio saberá que não se trata de desaparecer no oceano, mas tornar-se oceano. Por um lado é desaparecimento e por outro lado é renascimento. Assim somos nós. Só podemos ir em frente e arriscar.

Às vezes, encontramos muitas dificuldades em compreender nossos sentimentos. Apaixonamo-nos por pessoas que saem de nossa vida sem nos dar sequer uma última chance, sem ao menos dizer adeus, e a dor que fica, levamos pelo resto de nossa caminhada terrena. Isso é a dor da alma ferida. As separações e as perdas fazem parte da vida, mas compreender isso quase sempre é impossível. E conviver com essa dor é para poucos. Nas linhas deste livro você vai encontrar respostas para alguns questionamentos que fazemos todos os dias. O amor de Mel e Rabi atravessa linhas inimagináveis. Como se processam os reencontros na vida terrena? Estamos predestinados a viver ao lado de alguma pessoa? Na reencarnação podemos escolher nosso par?

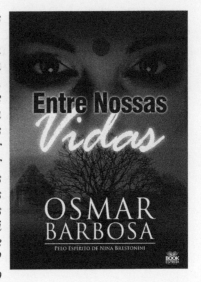

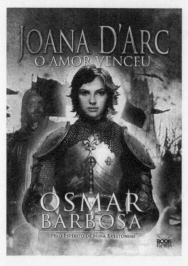

Segundo Humberto de Campos, pelo médium Chico Xavier, a última reencarnação de Judas Iscariotes na Terra foi da conhecida heroína francesa Joana D'Arc, queimada nas fogueiras inquisitoriais do século XV, conforme mensagem apresentada no livro Crônicas de Além-Túmulo.
Fiquei perplexo ao receber essa psicografia. Logo me preocupei em não discordar dos amados Chico Xavier e Humberto de Campos. Até procurei uma explicação questionando Nina Brestonini, o espírito que me passou este livro.
Conheça essa incrível história de amor e superação. Não perca a oportunidade de conhecer mais um pouco dessa jovem menina querida e destemida, chamada Jeanne D'Arc.

Se você está pensando em se suicidar, deve procurar saber o que acontece com um suicida logo após a morte, correto? Eu não tenho boas notícias para você. O suicida é, sem dúvida nenhuma, o ser que mais sofre após a morte. Primeiro, você precisa saber que nada se perde neste universo. Ao morrer seu corpo volta para a Terra, e sua mente, sua consciência, seu EU, que chamamos de espírito, não desaparece. Ele continua vivo. O que dá vida a seu corpo é justamente a existência de um espírito que anima a matéria. Então tentar se matar achando que você será apagado do universo para sempre é uma tolice. O seu corpo realmente vai desaparecer na Terra, mas você continuará existindo.

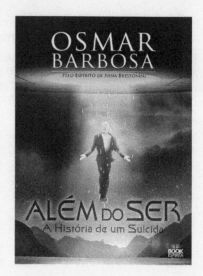

Este livro traz a história de Ernani, um estudante de medicina que após ser baleado durante um assalto fica paraplégico. Quais os desafios deste jovem rapaz? Sua namorada ficará a seu lado após o acidente? Seus pais? Seus amigos? A depressão? Como superar tudo isso e seguir em frente? Seus sonhos?

Amigo leitor, você vai encontrar neste livro as respostas para essas e muitas outras dificuldades encontradas por Ernani e seus familiares, Antes que a Morte os Separe.

Nós já sabemos que algo está acontecendo em nosso planeta, temos a consciência de que é chegada a hora da transformação planetária tão necessária ao equilíbrio evolutivo da humanidade. Jesus nos alertou por meio da parábola do joio e do trigo, que é chegada a hora desta tão sonhada transformação. Nosso planeta está mudando. Sabemos que muitos de nossos irmãos não terão mais a oportunidade de encarnar entre nós. Eu convido você, por meio desta obra, a tomar conhecimento de como será o exílio daqueles espíritos que após receberem diversas oportunidades não se alinharam ao amor divino. Saiba como você pode se livrar de ser exilado deste orbe.

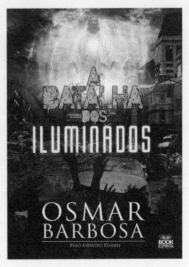

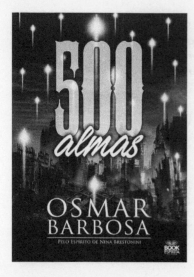

Ao longo da história já ocorreram incontáveis situações de desencarne coletivo. Ações da natureza levaram incontáveis pessoas ao desencarne.
Na história recente temos presenciado situações de desencarne por outras razões, como naufrágios, acidentes aéreos, incêndios, desabamentos, ocupações de áreas de risco, terremotos, tsunamis, e outras.
É característico do ser pensante refletir sobre sua vida e sua interrupção. E por isso temos nos perguntado sempre: por que ocorrem estas situações? Por que muitas pessoas desencarnam ao mesmo tempo? Para onde vão estes espíritos? Como tudo é organizado nestas grandes catástrofes? E as crianças? Como ficam nesta hora? Podemos reencontrar nossos familiares que já desencarnaram? Por que tantas vidas são ceifadas ao mesmo tempo?

Somos livres. A cada instante, escolhemos pensamentos, decidimos caminhos, revelando o volume das nossas conquistas e das derrotas. Distraídos, alimentamos fantasias, acariciamos ilusões e brigamos por elas, acreditando que representam a nossa felicidade plena. A visita da verdade, oportuna, nos faz reciclar valores, modificar ideias, aprender lições novas, caminhar para frente, conquistando nossa tão sonhada evolução espiritual. Sempre nas mãos do amor divino, onde tudo nos é permitido.
De onde vêm os Exus?
Por que são chamados assim? Quais os desafios que encontraremos após deixarmos a vida física? Por que Exu é tão discriminado? O amor, será que o levamos para a eternidade?

Após perder seu pai e seus melhores amigos ciganos em um massacre cruel, Rodrigo segue em uma jornada desafiadora orientado pelo seu mentor espiritual. Ele viaja para a Capadócia e Alexandria, onde encontros inesperados e perdas irreparáveis o esperam. Que caminhos deve seguir este cigano? Quais os desafios? As perdas? Será que ele conseguirá cumprir a missão determinada por seu mentor espiritual? E o amor? Quem será a cigana que o espera? Será seu destino? Você encontrará as respostas para estas e muitas outras perguntas no livro Gitano – As Vidas do Cigano Rodrigo.

Parei para pesquisar o significado de família... Família é um grupo de pessoas, que dividem o mesmo gosto pela vida. Que dividem o mesmo sentimento. Que não importa não dividir o mesmo sangue. Apenas por dividir os mesmos sentimentos... Como tudo isso acontece? Como escolhi meus pais? Meus amigos? Será que eu pude escolher os meus pais? Como os encontros são arquitetados pela espiritualidade? Por que nasci nesta família? Por que meu pai é meu pai e minha mãe é minha mãe? Por que tanta dificuldade em viver com meus familiares? Por que os casamentos se frustram? Será que sou diferente? Será que é uma bênção? Ou será um castigo? Saiba como tudo isso é organizado antes de nossa vida atual.

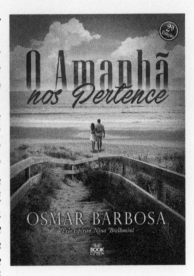

Todos nós já estamos cansados de saber que o suicídio é um caminho sem volta. Que a alma que comete o suicídio sofre muito e que essa atitude só atrasa a evolução pessoal de cada um. Como reagir à perda de um ser tão importante para nossa vida? Como reagir à morte de um filho, na tenra idade? Será que o Criador está castigando a criatura? Por que morrem nossos filhos? Por que morrem as pessoas que mais amamos de forma tão trágica e dolorosa? Será que Deus pode nos livrar de um suicídio? Neste livro você encontrará respostas para essas e tantas outras questões que envolvem a maternidade e a convivência familiar. E para brindar nossos leitores, no final desta linda história psicografada, você recebe algumas cartinhas de crianças que desencarnaram e se encontram na Colônia Espiritual Amor e Caridade.

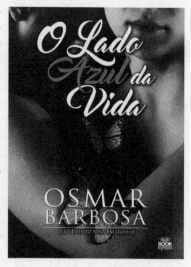

Somos o resultado de nossas escolhas e de nossa coragem, de nossas experiências e aprendizados. Aqueles que têm pouca fé se transformam em alvo fácil dos que buscam escurecer a luz da verdade. Mas aqueles que creem com fervor, esses são assistidos diretamente pelos espíritos mais puros dos universos de luz, por anjos guardiões enviados diretamente por Deus.
Neste livro você vai conhecer o Fernando, que sofre desde menino por ser homoxessual. Sua irmã Raquel tenta a todo custo auxiliá-lo a enfrentar o preconceito, as diferenças e acima de tudo a dificuldade familiar. A escola? A rua? As festas? Por que meninas estão beijando meninas e meninos estão beijando meninos? Como lidar com essas diferenças? Como é ter em casa dois filhos homossexuais?

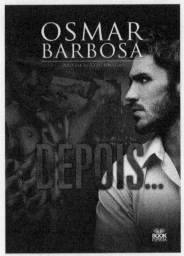

Existe vida após a morte? Qual é o motivo da vida? De onde viemos? Para onde vamos? Quem sou eu? Por que nasci nesta família, neste continente, neste país? Por que o meu pai é o meu pai, e a minha mãe é a minha mãe? Meus irmãos, quem são? E minha família? Por que eu estou aqui? Por que neste corpo, nesta pele, falando este idioma? Tudo termina com a morte? Deus existe? Ao acompanharmos a trajetória de Nicolas, iremos compreender muitas coisas. Vários porquês serão respondidos neste livro. O mais importante para mim, como escritor que psicografou esta obra, é chamar a atenção de todos os leitores para a necessidade de trazer para dentro de nossa alma a compreensão de que somos ainda aprendizes dessa nova era.

Algumas vezes ficamos sem entender muito bem as coisas que nos acontecem. Ficamos desolados e tristes com as dores que vivenciamos, e na maioria das vezes estamos de pés e mãos atados, vivenciando dramas sem que nada possamos fazer. De onde viemos? Para onde vamos? Qual o objetivo de Deus quando nos impõe provas tão duras? Será que é Deus quem determina o sofrimento? Você é meu convidado a experimentar e descobrir como tudo isso acontece e como os bons espíritos podem nos ajudar revelando para nós, O Lado Oculto da Vida.

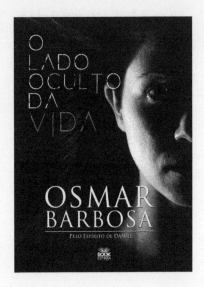

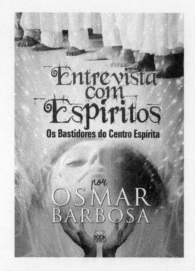

Ser médium é a coisa mais divina que nos pode acontecer. Quando você compreende e se preocupa em como vai usar esse privilégio, tudo a seu lado se torna divino. "Não dá para brincar de espiritismo, não dá para brincar de ser médium."

Quantas perguntas, quantos questionamentos invadem o nosso ser mediúnico neste momento! Eu tive a oportunidade de passar alguns dias ao lado desses espíritos amigos que humildemente me explicaram como tudo isso acontece, como tudo funciona. Eu espero sinceramente, que as respostas dadas aos meus questionamentos satisfaçam a sua curiosidade e lhe direcionem ao caminho que eu já encontrei. Mediunidade é coisa divina, e sendo divina, divinamente devemos tratá-la, respeitá-la e exercê-la.

Como funcionam as Colônias? Quais os objetivos do Criador quando criou os mundos transitórios? O que os espíritos fazem no dia-a-dia das Colônias? Quem são os espíritos que merecem viver lá? Será que eu poderei ficar em uma Colônia? Quais os méritos que eu preciso ter para viver e trabalhar em uma Colônia Espiritual? Onde são essas cidades? Quem as dirige? Meus familiares estão lá? O que eu preciso fazer para conquistar meu espaço no mundo espiritual? Quais as mudanças que eu preciso fazer para viver feliz no mundo espiritual?

Você encontrará as respostas para seus questionamentos nas páginas deste livro. Sejam bem-vindos à Colônia Espiritual Amor e Caridade – Dias de Luz.

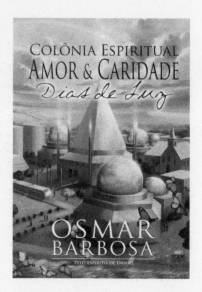

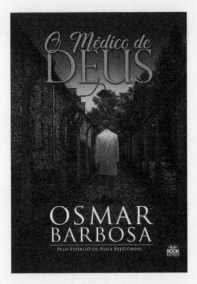

É experimentando as vidas corpóreas que todos os espíritos se tornaram perfeitos. Você pode achar que isso é impossível, mas poderemos observar nas linhas deste livro que tudo é possível quando desejamos sinceramente.

Você vai conhecer uma história que certamente irá mudar a sua visão em relação à vida e como ela deve ser vivida. Você vai poder acompanhar como o amor de Deus por seus filhos se processa nas esferas mais densas da espiritualidade. O que seria de nós se não existissem esses médicos de Deus espalhados por todas as Colônias Espirituais e por todos os lugares do Universo?

Os animais são nossos "irmãos mais jovens!" e, embora estejam se organizando futuramente eles alcançaram um estágio tão elevado quanto o nosso. "Evoluir é o destino de todos os espíritos". Mesmo diante de tantas contradições com os ensinos dos Espíritos superiores. Jamais se afirmou que os cães e os animais não tem alma. Tem-se um princípio inteligente, tem algo mais que matéria, e isso é Espírito. Deus não deixa de criar, Ele é o criador de todas as coisas e cria a todo momento.

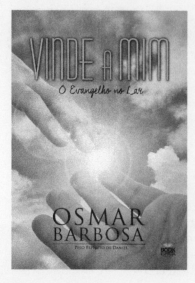

O suicídio bate à porta de milhares de famílias todos os dias. A falta da reunião familiar, do momento de debate e culto no lar, é sem sombras de dúvidas um dos motivos aos quais nossos jovens estão deixando a vida tão cedo.

A família é onde nos reencontramos para os ajustes espirituais. Filhos, irmãos, avós, tios, pais e demais familiares, são espíritos que decidiram experimentar conosco está encarnação, e através dessas experiências, evoluímos juntos. Lar com Jesus e o evangelho, é um lar de compreensão, de ternura e de amor. Neste livro, Daniel nos convida a uma reflexão profunda sobre os ensinamentos de Jesus e de seus apóstolos.

Bem-vindos ao livro, Vinde à Mim – O Evangelho no Lar.

É triste para nós tudo o que está acontecendo. É triste para nós não sermos ouvidos – diz Lucas.
Vocês elitizaram o espiritismo. Vários são os médiuns que são intuídos a abrirem um centro espírita para auxiliar espíritos sofredores, para passar ensinamentos da vida após a vida, e o que vemos? Vemos casas espíritas disso, centro espírita daquilo, reunião espírita disso, encontro espírita daquilo, casas espíritas onde os mais humildes não podem entrar, onde os espíritos são escolhidos para trabalhar, como assim? És conhecedor da vida após a vida? Ou achas que as obras que lhe foram apresentadas até os dias de hoje, são suficientes para compreenderes a vida após o desencarne?

Esta obra foi composta na fonte Century751 No2 BT, corpo 13.
Rio de Janeiro, Brasil.